Dietlof Reiche
Freddy
Ein Hamster greift ein

Dietlof Reiche

Freddy
Ein Hamster greift ein

anrich

Freddy im Internet: www.hamsterfreddy.de

© 2000 Beltz Verlag, Weinheim und Basel
Programm Anrich, Weinheim
Einbandillustration: Wolf Erlbruch
Satz: Satz- und Reprotechnik GmbH, Hemsbach
Druck und Bindung: Druckhaus Beltz, Hemsbach
ISBN 3-89106-404-7

Gesetzt nach der neuen Rechtschreibung

1. Kapitel

Der Schrei kam mittags um zwölf.
Also, ich will nicht behaupten, dass es auf die Sekunde genau zwölf Uhr war. Obwohl wir Goldhamster ja ein ziemlich präzises Zeitgefühl haben. Aber ich schlief gerade. Bekanntlich sind Hamster nachtaktive Nager, wie die Bio-Lehrer sagen. Da ist der helle Mittag nicht gerade die Tageszeit, in der unsereins Bäume ausreißt.
Ich lag zusammengerollt im Nest meiner Höhle und träumte. Wovon ich träumte, tut nichts zur Sache (also gut: Es war der köstlichste und leckerste Mehlwurm, der sich durch meinen Traum ringelte. Es war ein Mehlwurm, so fett, so groß und so dick wie ein Engerling).
Ich schlief also friedlich in meinem kuscheligen Nest und träumte.
Und da fuhr in meinen Schlaf der Schrei.

„Hilfe! Der Hamstermörder! Er ist vor meinem Bau! Hilfe!"
Ich stand steil aufgerichtet mit gesträubtem Fell.
Und zwar binnen eines Wimpernschlages – wir Hamster besitzen eines der wirksamsten Alarmsysteme der Tierwelt.
Das schreibe ich nicht, um anzugeben. Sondern weil nur dann zu verstehen ist, dass mein Hirn den Schrei komplett so gespeichert hatte, wie er, während ich noch schlief, in mein Ohr gedrungen war.
In mein Ohr …?
Ich hatte den Schrei gar nicht über die Ohren aufgenommen! Der Schrei war auf Interanimal gewesen! Jemand hatte auf Interanimal um Hilfe gerufen – jener telepathischen Sprache, die sämtliche Säugetiere beherrschen (ausgenommen die Menschen).
Aber – dann musste nicht nur ich den Schrei aufgefangen haben. Sondern auch die anderen Tiere in der Wohnung. Dann mussten Sir William und Enrico & Caruso genauso alarmiert sein wie ich.
Rasch kroch ich aus meiner Höhle und flitzte zur Käfigtür. Die steht ständig offen (es würde Master John nicht mal im Traum einfallen, sie zu schließen) und ich kletterte an der Hamsterstrickleiter hinunter zum Fußboden (meine Behausung ist auf Master Johns Bücherbord untergebracht).
Ich sauste ins Nachbarzimmer.

Sir William ist der schwärzeste und mächtigste Kater, den man sich vorstellen kann. Er lagerte auf seiner Katzendecke. Und er schlief tief und fest. Hatte er den Schrei etwa nicht mitgekriegt? Oder war er danach gleich wieder eingeschlafen?
„Sir William?"
Er rührte sich nicht.
„Sir William!"
Keine Reaktion.
„Sir Will …"
„Bitte, bester Freddy. Schrei nicht so." Sir William gähnte, wobei er seine ungeheuren Dolchzähne freilegte. Für mich als doch recht kleinen Nager ist das immer wieder ein ungemütlicher Anblick. Obwohl ich Sir William, der ein kultivierter Kater ist, in puncto Nichtanwendung dieser Zähne auf mich natürlich vertrauen kann.
„Ich musste dich leider wecken", sagte ich, „weil ich …"
„Ich habe nicht geschlafen." Sir William musterte mich aus außerordentlich grünen Augen. „Wenn meine Augen geschlossen sind, heißt das nicht unbedingt, dass ich schlafe."
Richtig. Es kann auch bedeuten, dass Seine Lordschaft philosophiert, dass er über den Lauf der Welt nachdenkt. Sagt jedenfalls Seine Lordschaft. Nur, dass ich davon kein Wort glaube. Sir William ist ein

kultivierter Kater mit einem untadeligen Charakter. Und er weiß eine Menge, zugegeben. Aber philosophieren, das heißt, durch logisches Nachdenken neue Erkenntnisse gewinnen, das kann er in etwa so gut, wie Albert Einstein das Sackhüpfen gekonnt hat. (Nebenbei bemerkt: Unter den Tieren in dieser Wohnung gibt es von der Sorte scharfsinniger Denker nur einen.)
Selbstverständlich hütete ich mich, Sir William dies zu sagen. Er hält sich für ziemlich vollkommen, und wer das laut bezweifeln will, sollte mindestens vom Kaliber Seiner Lordschaft sein. Rein körperlich, meine ich.
„Sir William", sagte ich. „Ich habe vorhin einen Schrei gehört. Auf Interanimal und sehr intensiv. Jemand hat verzweifelt um Hilfe geschrien. Ich dachte, du hättest es auch gehört."
Sir William sah mich an. „Freddy. Gesetzt, dies wäre der Fall gewesen – wäre ich dann ruhig nachdenkend hier auf meiner Decke liegen geblieben?"
Nein, großer Sir. Es sei denn, Ihr hättet schlicht und ergreifend gepennt.
Sir William lächelte milde. „Ich vermute, mein Guter, dass du geträumt hast." Er schloss die Augen. Doch dann öffnete er sie wieder. „Jemand hat um Hilfe geschrien? Was genau rief der Betreffende denn?"
Ich sagte es ihm. Und hätte mich auf der Stelle ohr-

feigen mögen. Denn was nun von Sir William kommen würde, war klar.

„Hamstermörder?" Sir William nickte. „Der typische Alptraum eines Goldhamsters. Wahrscheinlich die Folge von zu schwerer Kost vor dem Schlafengehen. Wenn ich eine Empfehlung aussprechen dürfte: nur etwas Grünfutter. Keine Körner, zu schweigen von Mehlwürmern." Er gähnte. „Und nun, Bester, lass mich weiter über den Lauf der Welt nachdenken." Er schloss die Augen. Und war umgehend eingeschlafen.

Okay. Sir William hatte den Hilferuf also verpennt. Oder – stammte der Schrei vielleicht doch aus einem Traum? Allerdings hatte meine Alarmzentrale mich hochgejagt. Und die ist für gewöhnlich so scharf auf dem Posten wie eine Mathe-Lehrerin, die einen beim Abschreiben erwischen will. Demnach war der Schrei wohl aus der Wirklichkeit gekommen. Aber um jeden Zweifel auszuräumen, gab es ja ein einfaches Mittel: Ich brauchte bloß Enrico & Caruso zu fragen. Meerschweine sind, anders als Hamster und Kater, mittags munter. Die zwei hatten den Hilferuf mit Sicherheit aufgefangen.

Nur war an der Sache ein nicht ganz unwesentlicher Haken: Zwischen mir und den beiden stand es nicht zum Besten. Warum? Ich will es mal zurückhaltend so andeuten: Enrico & Caruso sind Meerschweine von der gröbsten und dreistesten Sorte. Mehr möchte ich dazu nicht sagen.

Tatsächlich haben die beiden null Respekt vor unsereinem, der schließlich nicht irgendein x-beliebiger Nager ist. Sondern der weltweit einzige Goldhamster, der lesen und schreiben kann. Und trotzdem erfrechen sich diese zwei Meersäue, mich immer wieder hereinzulegen! Okay. Nichts mehr hierzu.

Das muss man sich mal vorstellen! Man kann ja nicht bloß lesen und schreiben. Sondern man ist ein ausgewiesener Schriftsteller. Zwei Bücher habe ich bereits verfasst, eigenpfötig auf Master Johns Macintosh. Und diese Scherzschweine treiben mit mir ihre abgeschmackten Späße! Okay, okay. Cool down, Freddy. Jedenfalls: Ohne Not rede ich mit den beiden nicht.

Allerdings – da hatte jemand um Hilfe gerufen. Da war ein Hamster in Gefahr! Hinter dem war ein Mörder her. Man musste eingreifen! Man musste zuerst feststellen, woher der Schrei gekommen war. Und als Erstes musste – man? Ich! Ich musste das tun!

Aber dazu brauchte ich Gewissheit. Und die, zum Bussard, würde ich mir verschaffen! Egal, wie es zwischen mir und Enrico & Caruso stand. Das fehlte noch, dass es von den beiden abhängen sollte, ob ein Hamster gerettet wurde! Ich rannte los, zum Meerschweinkäfig.

Die zwei hockten nebeneinander in der Einstreu an

der geöffneten Käfigtür. Caruso hat kurzhaariges, schwarzweiß geflecktes Fell und ist, selbst für ein Meerschwein, ziemlich groß, dazu auch noch fett. Der kleine Enrico hat langhaariges, rotweißes Fell und ist darunter einigermaßen spillerig. Sie blickten mir entgegen, als hätten sie auf mich gewartet.
„Hallo", sagte ich knapp und kühl. Ich war eisern entschlossen, dem Duo keinerlei Gelegenheit zu geben, einen seiner geschmacklosen Scherze abzuziehen. „Ihr könnt euch sicher denken, weshalb ich gekommen bin."
Die beiden sahen sich an. Dann schüttelte Caruso den Kopf. „Können wir nicht."
Und Enrico fügte hinzu: „Wir haben nicht die leiseste Ahnung."
Na schön. Die zwei stellten sich dumm. Demnach planten sie wohl irgendeine Meerschweinerei. Aber nicht mit mir. Nicht mit dem hamstercoolen Freddy.
„Also gut", sagte ich. „Dann mal so gefragt: Ihr wart doch während der vergangenen halben Stunde wach, oder?"
Die beiden nickten.
„Na also. Und da habt ihr nichts Ungewöhnliches gehört?"
„Etwas Ungewöhnliches?" Enrico schüttelte den Kopf. „Nein, nichts."
„Sorry, Freddy." Caruso hob bedauernd die Pfoten.

„Wir haben vorhin einen Song geübt. Vielleicht haben wir deshalb nichts mitgekriegt."

Das war möglich. Gegen eines ihrer grässlich gepfiffenen Lieder hatte der verzweifeltste Hilfeschrei keine Chance. Auch nicht auf Interanimal.

„Was hätten wir denn gehört?", fragte Enrico. „Ich meine: Wenn wir's gehört hätten?"

„Es war ein ..." Ich Idiot! Eine bessere Scherzvorlage als einen Schrei, den nur ich gehört hatte, hätte ich den beiden gar nicht liefern können. Das Wenigste, was sie daraus gemacht hätten, wäre ein Spottlied gewesen, etwa: „Herrn Freddys Ohren sind so fein, dass selbst Gespenster hört er schrein ..." Nein, Jungs. Nicht mit mir.

Die zwei sahen mich erwartungsvoll an. Jetzt sollte mir irgendeine unverfängliche Bemerkung einfallen, mit der ich die Sache hier hamstercool beenden konnte.

Und da, während ich noch überlegte, kam:

„Hilfe! Der Hamstermörder! Er ist vor meinem Bau! Hilfe!"

Der Schrei riss mich hoch wie beim ersten Mal. Wieder stand ich steil aufgerichtet mit gesträubtem Fell. Alles in mir war auf höchste Alarmstufe gesprungen.

Und Enrico & Caruso?

Ich starrte die beiden an.

Sie saßen seelenruhig in der Einstreu.

Enrico & Caruso saßen da, mit erwartungsvollen Mienen, wie vorhin, als läge zwischen eben und jetzt nicht ein grässlicher Hilfeschrei.

„Da-da-", stotterte ich. „Ha-habt ihr denn nichts gehört?"

Die zwei sahen mich weiter an, schweigend.

Und gerade als mir schwach etwas zu dämmern begann, platzten Enrico & Caruso. Die beiden entluden sich in ihr kreischendes Höllengelächter, hielten sich umpfotet und wiegten einander im schreienden Lachen.

„Das war Spitze, Caruso!", kreischte Enrico. „Sozusagen ein spitzer Spitzenschrei!"

„Der hamstercoole Freddy!", brüllte Caruso. „Hast du gesehen, wie ich ihn hochgejagt hab?"

„Und sein Fell!", johlte Enrico. „Hat sich aufgestellt, als wär's elektrisch geladen!"

Ich blieb vollkommen ruhig. Äußerlich meine ich. Tatsächlich zitterte kein einziges meiner Schnauzhaare, während ich sortierte, was die beiden sich da geleistet hatten. Das war so etwa der fieseste Scherz gewesen seit der Erfindung der fiesen Scherze (keine Ahnung, wann das war. Vermutlich, als der liebe Gott die Meerschweine erschuf). Es gehörte schon einiges dazu, einen verzweiflungsvollen Hilfeschrei als Vorlage zu nehmen, nur um mich ... Moment mal! Vorlage? Ha! Mitnichten. Natürlich stammte auch der erste Schrei von Caruso!

Okay, Jungs. Damit war das Urteil gefällt. Als halbwegs angemessene Strafe lag an: doppeltes Meerschweinlegen.

Enrico & Caruso hatten mittlerweile ihr Gelächter eingestellt. Jetzt saßen sie aufgerichtet in der Streu und beäugten mich neugierig. Ich meinerseits hatte eine harmlos-freundliche Miene aufgesetzt.

Plötzlich fuhr ich blitzschnell hoch, machte meine Backentaschen dick und fauchte bei gebleckten Zähnen.

Und Enrico & Caruso fielen um. Sie fielen vor Schreck einfach auf den Rücken. Pardauz, da lagen sie.

Es funktioniert jedes Mal. Eigentlich hätten die beiden wissen können, was kommen würde. Aber sie vergessen es immer wieder. Wahrscheinlich, weil das Kampfgebaren von uns Hamstern im Instinkt-Speicher der Meerschweine nicht vorkommt. Ihre Alarmzentrale hat nicht den blassesten Schimmer, wie sie darauf reagieren soll. Also kriegen die zwei einen furchtbaren Schreck und fallen auf den Rücken. Gut.

Weniger gut ist dabei: Sir William findet es unfair, wenn ich Enrico & Caruso umschmeiße. Und wenn Sir William etwas unfair findet, dann lässt man als kleiner Nager besser die Pfoten davon.

Enrico & Caruso hatten gerade damit begonnen, sich unter Ächzen, Schnaufen und Stöhnen wieder hochzurappeln, als ich hörte: „Freddy, bist du so gut und begleitest mich mal?" Sir William kam herbei. Offenbar hatte er mitgekriegt, wie ich das Duo gelegt hatte. Und jetzt würde es eine gepfefferte Standpauke des großen Sirs setzen.

Aber dieses Mal hatten es Enrico & Caruso übertrieben. Wenn ich Sir William berichtete, was für einen meersaufiesen Scherz sich die beiden mit mir erlaubt hatten, dann würde er …

„Hilfe! Hilfe! Der Hamstermör… Aaahhrrrgggch …"

2. Kapitel

Ich konnte nicht dagegen an. Wieder riss mich meine Alarmzentrale hoch, und dieses Mal hatte der Schrei derart grässlich geklungen, dass sich buchstäblich jedes einzelne meiner Fellhaare aufgestellt hatte. Ich muss ausgesehen haben wie eine mit purem Entsetzen geladene Hamsterkugel. Caruso hatte wirklich ganze Arbeit geleistet.
Neben mir stand Sir William mit weit aufgerissenen Augen. Sein Fell war gesträubt, als wäre er mit der Pfote in eine 5000-Volt-Anlage geraten. Na, jetzt würde die fällige Standpauke Seiner Lordschaft endlich mal die Richtigen treffen.
Ich sah zu Enrico & Caruso.
Aber – was war denn das?!
Enrico & Caruso lagen auf dem Bauch. Sie lagen flach wie Flundern in die Einstreu gepresst und ihre Zähne klapperten. Ihre Zähne klapperten so stark,

dass es sich anhörte, als prasselte Hagel gegen ein Fenster.

„Da-da-das war ja grauenhaft", klapperte Enrico.

„Da-da-das war ein Todesschrei", klapperte Caruso.

Kein Zweifel: Die beiden Scherzschweine beutelte das schiere Grauen. Dieser dritte Schrei war eindeutig nicht von ihnen produziert worden. Und der erste? Das musste ich auf der Stelle klären.

„Hört zu, ihr Meersau-Komiker!" Ich sah nicht den geringsten Anlass, die zwei mit Samtpfoten anzufassen. „Ihr sagt mir jetzt extrem plötzlich, ob der erste Schrei von euch gekommen ist. – Hört sofort mit dem Klappern auf!"

Die beiden brachten ihre Gebisse zum Stillstand. Gekränkt sahen sie mich an. „Also, bei so einem Schrei", sagte Caruso, „da wird man ja wohl noch klappern dürfen."

„Ich will eine Antwort!"

„Der erste Schrei war nicht von uns", sagte nun Enrico.

„Auch nicht der dritte." Caruso warf einen Blick zu Sir William hinüber, dessen Fell sich inzwischen geglättet hatte. „Bloß der zweite war von mir."

„Erster, zweiter, dritter Schrei – was soll das heißen?" Sir William blickte in die Runde. „Würde mich bitte mal jemand aufklären?"

Das übernahm ich, wobei ich es für mein gutes Recht

hielt, das Zustandekommen des zweiten Schreies kurz, aber hinreichend markant zu schildern.

„Das war höchst unfair von euch." Sir William sah Enrico & Caruso streng an. „Schämt euch!"

Die beiden senkten die Köpfe und gaben zwei Meerschweine, die sich schämten.

„Gut. Weil die Zeit drängt, ist das hiermit erledigt", erklärte Sir William. „Und jetzt müssen wir rasch herausfinden, woher die echten Hilfeschreie kamen." Er sah mich an. „Bester, hast du eine Idee?"

„Nein, keine."

Aber irgendetwas hatte mich stutzig gemacht. Was war es bloß gewesen?

Ich überlegte. Wie hatte der erste Schrei gelautet?

„Hilfe! Der Hamstermörder! Er ist vor meinem Bau!"

Aber natürlich! Das war ein Anhaltspunkt. „Es war jedenfalls kein Goldhamster, der um Hilfe gerufen hat", sagte ich.

„Aha? Und woraus schließt du das?"

„Hierzulande leben Goldhamster in Käfigen. Sie können sich keine Röhrengänge graben. Sie haben Häuschen oder künstliche Höhlen. Ein Goldhamster würde das nie seinen ‚Bau' nennen."

„Höchst scharfsinnig, mein Guter." Sir William blickte aus seiner Höhe auf mich herab. „Und welche Hamsterart kommt deiner Meinung nach in Betracht?"

Was ich jetzt antwortete, kam ohne Überlegung.

Nein, richtiger: Die Antwort drängte sich mir geradezu auf. Jedenfalls sagte ich wie aus der Pistole geschossen: „Feldhamster!"

Wenige Minuten später war ich auf dem Weg ins Arbeitszimmer zu Master John.
Ich und Sir William waren rasch zu der Ansicht gelangt, dass der Fall unsere tierischen Möglichkeiten hoffnungslos überstieg. Außerdem hatte ich bei einem früheren Abenteuer die Erfahrung gemacht, dass es nicht nur klug war, sondern überlebenswichtig sein konnte, Master John tunlichst bald einzuweihen.
Enrico & Caruso hatten während unserer Beratung das Maul gehalten. Offenbar hatten sie kapiert, dass im Moment alle möglichen Fähigkeiten gefragt waren, bloß nicht die von Komikern. Vielleicht schämten sie sich auch wirklich ein bisschen wegen ihres Scherzes (was allerdings so gewesen wäre, als schämte sich eine Regenwolke, dass sie einen nass gemacht hatte).
Master John saß am Arbeitstisch vor dem Monitor des Macintoshs und tippte. Ich kletterte die Hamsterstrickleiter hoch, die vom Fußboden hinauf zum Tisch führt, und baute mich in Männchenhaltung neben der Tastatur auf.
„Hello, Kid", nickte Master John mir zu. Er hat eine beträchtliche Nase, dazu beträchtlich buschige Au-

genbrauen. Da er fortfuhr zu tippen, deutete ich auf den Monitor.

„Du willst mir etwas sagen?"

Ich nickte.

„Okay." Master John ließ, was er getippt hatte, vom Monitor verschwinden, damit ich eine freie Fläche zum Schreiben hatte. „Aber mach's kurz, Kid. Ich bin mit meiner Übersetzung im Verzug."

Ich nickte wieder und gab ein: „Meister, es handelt sich um einen Notfall." Das erschien verhältnismäßig fix auf dem Monitor. Obwohl ich ja jede Buchstabentaste einzeln mit beiden Vorderpfoten drücken muss. Und darum von einer Taste zur anderen zu rennen hatte, wie etwa von der mit dem A zu der mit dem L. Natürlich könnte ich, was ich Master John sagen will, verkürzt eingeben, zum Beispiel: „Notfall!" Aber man will ja als gebildeter Goldhamster auf einem gewissen Niveau mit dem Meister verkehren. Am einfachsten freilich wäre es, wenn die Menschen wie jedes andere Säugetier Interanimal verstünden.

„Ein Notfall?", fragte Master John. „Hier bei uns im Flat?"

„Nein, nicht hier in der Wohnung. Irgendwo draußen." Ich schilderte nun die beiden Hilferufe (nur die echten. Den von Caruso ließ ich weg – das fehlte noch, den Meister mit lausigen Meerschweinereien zu behelligen), wobei es sich beim zweiten vermutlich um einen Todesschrei gehandelt habe; ich berichtete, dass die Rufe auf Interanimal gewesen seien (ich hatte Master John früher einmal von dieser Sprache erzählt) und warum ich davon überzeugt sei, es habe kein Goldhamster, sondern ein Feldhamster geschrien.

„Hm", machte Master John. „Two questions, Kid."

Master John hat immer zwei Fragen. Und damit pickt er immer diejenigen zwei Punkte heraus, die fragwürdig sind (in einem Bericht gibt es immer zwei fragwürdige Punkte. Mindestens).

„First: Why Feldhamster? Es gibt noch andere Hamsterarten. Könnte es nicht ein Zwerghamster gewesen sein? In einem sehr großen Käfig mit Erde? Der sich darin einen Bau gegraben hat?"

Hm. Da war was dran. Warum war mir das nicht eingefallen? Vermutlich, weil ich Nager, die kleiner sind als Goldhamster, nicht recht ernst nehmen kann. Andererseits: Ich war mir meiner Sache sicher.

„Es war ein Feldhamster!", gab ich ein. „Das sagt mir mein untrügliches Hamstergefühl."

„Well, äh, na schön." Master John musterte mich. „Dann also zur zweiten Frage: Es waren nur zwei einzelne Schreie?"

Ich nickte.

„Die Schreie kamen vermutlich von einem Feld", sagte Master John. „Also von weiter weg."

Ich nickte erneut.

Und da sagte Master John: „Ich frage mich, warum du nicht von solchen Hilfeschreien uberschwemmt wirst."

„Meister?", gab ich ein.

„Look, Kid. Es muss allein in dieser Stadt Tausende von Tieren geben, die in Not sind. Die gequält werden. Denen es an den Kragen geht. Es muss Tausende von Tieren geben, die auf Interanimal um Hilfe schreien." Master John sah mich an. „Warum hörst du das nicht?"

Teufel ja, warum? Warum brandete durch mein Inneres nicht eine Flut von Schreien?

„Meister, ich weiß es nicht", gab ich ein. „Aber vielleicht sollten wir darüber ein anderes Mal nachdenken. Denn das eine wissen wir: Irgendwo wurde wahrscheinlich ein Feldhamster ermordet. Und wo einer ist, gibt es noch mehr. Die müssen wir retten."

„You are right, Kid." Master John nickte. „Well, the question is: Wo sitzen diese Hamster?" Er dachte nach. „Wir probieren es mal im Internet mit dem Suchwort ‚Feldhamster'. Vielleicht finden wir ja etwas."

Das Ergebnis war niederschmetternd. Wir fanden nicht nur etwas. Sondern eine Liste von genau einhundertsechsunddreißig Webseiten, in denen das Suchwort Feldhamster vorkam. Master John seufzte.

„Bis wir diese Webseiten durchgeackert haben ..." Er seufzte wieder. Und ich ergänzte im Stillen: „... sind unsere Hamster alle tot."

„Well, das fuhrt zu nichts." Master John ließ die Liste vom Monitor verschwinden. „Es brennt und wir mussen handeln." Er sah mich an. „Kid, wir sollten Lisa in die Sache reinnehmen. Aber naturlich nur, wenn du einverstanden bist."

„Hundertprozentig", gab ich ein und Master John griff zum Telefonhörer.

Lisa Potempe ist Master Johns Freundin – nein, das ist verkehrt. Also, ich muss vorausschicken, dass ich im Laufe der Zeit zwar eine ganze Menge über die Menschen gelernt habe. Aber noch immer fällt es mir als Hamster schwer, die Beziehung zwischen zwei Menschen einzuschätzen. Zwischen einem Männchen und einem Weibchen, meine ich. Wenn die beiden gemeinsam in einem Bau leben und zusammen Junge haben, ist der Fall klar. Aber Lisa Potempe und Master John leben in getrennten Wohnungen. Und haben auch keine Kinder. Trotzdem behaupte ich: Lisa und Master John gehören zusammen.

Lisa ist Reporterin. Und gerade heute war ihr letzter Arbeitstag bei der Allgemeinen Rundschau. Am folgenden Tag würde sie bei einem lokalen Fernsehsender anfangen.

„Hello, Lisa", sagte Master John. „Darf ich dich kurz

mal stören? – Es handelt sich um etwas, von dem ich dir jetzt nicht erklären kann, wie ich darauf komme. Well, es geht um Feldhamster, die möglicherweise in Gefahr sind. – Was sagst du da?! – Eine Agenturmeldung, heute Morgen reingekommen? Now, there's a thing! – Ja, ich bin hier in meinem Flat. – Gut, bis dann also." Er legte auf.

„Sie kommt in einer halben Stunde." Master John zögerte. Dann sagte er: „Listen, Kid. Ich werde ihr erklären mussen, woher ich das mit den Feldhamstern wusste. Das bedeutet …"

„… dass mein Geheimnis gelüftet werden muss", gab ich ein.

Master John nickte. „Ich denke, es ist bei ihr mindestens so gut aufgehoben wie bei mir."

Das Geheimnis war die Tatsache, dass ich, der Goldhamster Freddy, lesen und schreiben kann. Master John hatte es von Anfang an für klug gehalten, das nicht an die große Glocke zu hängen. Ob ich etwa in die Hände eines Wissenschaftlers geraten wolle, der mein Gehirn untersuchte? Das wollte ich natürlich nicht (es ist dann leider doch passiert – aber das ist eine andere Geschichte). Jedenfalls waren wir übereingekommen, keiner Menschenseele von meinem Geheimnis zu erzählen.

Noch nicht einmal Sofie.

Sofie war meine Herrin, bevor ich zu Master John umquartiert wurde (weil Sofies Mami eine Hamsterhaar-Allergie kriegte). Wenn Sofie Schularbeiten machte, durfte ich auf ihrem Arbeitstisch herumspazieren. Und weil sie gerade Lesen lernte, lernte ich eben mit. Ich war selber verblüfft, wie leicht mir das fiel. Und bald kriegte ich einen ungeheuren Appetit auf Lesefutter. Aber wie an Bücher kommen? Ich durfte ja nicht in der Wohnung umherrennen. Nach den Schularbeiten sperrte mich Sofie jedes Mal wieder in den Käfig.

Warum ich Sofie nicht einfach Bescheid gab? Furchtbar einfach: Sie hatte keinen Computer. Und andere Schreibwerkzeuge, wie etwa Bleistifte, sind untauglich für Hamsterpfoten. Aber ich habe Sofie trotzdem einen Bleistift abgeluchst.

Ich brauchte nämlich einen Hebel. Mit dem habe ich dann das Käfigtürchen aufgehebelt. Womit mein Lesefutter-Problem gelöst war, richtiger: gelöst gewesen wäre. Denn am folgenden Tag kriegte Mami die Allergie. Hamsterpech. Aber dann bin ich zu Master John gebracht worden. Und da war ich im Lesefutter-Schlaraffenland gelandet.

Den Bleistift habe ich aufgehoben. Er liegt wie früher in der Einstreu verbuddelt. Manchmal, wenn ich ein bisschen in Erinnerungen schwelgen will (wir Goldhamster können, wenn wir wollen, ziemlich sentimental sein), dann hole ich den Bleistift hervor. Er ist aus unlackiertem, rohem Holz, das fühlt sich zwischen den Zähnen angenehm weich und zugleich bissfest an. Ich kaue etwas darauf herum, denke an die alten Zeiten und seufze ein wenig. Dann verbuddle ich den Stift wieder.

Sofie besucht mich übrigens ziemlich oft. Und es ist jedes Mal ein Fest, wenn sich Master Johns Arbeitszimmer mit Sofies würzigem Duft nach Sonnenblumenkernen füllt. Außerdem hat sie regelmäßig als Mitbringsel einen Mehlwurm dabei. Manchmal auch zwei.

Mehlwürmer fühlen sich zwischen den Zähnen noch besser an als Bleistifte. Das Beste aber: Mehlwürmer kann man aufbeißen. Und dann breitet sich im Mund ein Aroma aus, ein Geschmack von so hoher Köstlichkeit, dass ich offen gestanden nicht verstehe, warum die Menschen diese Delikatesse nicht wenigstens mal probieren.

Aber Sofies Besuche stimmen mich immer auch etwas traurig. Wie gerne würde ich ihr meine Gedichte zeigen! Ich mache nämlich welche. Es ist gefühlteste Goldhamsterlyrik und ich plane, sie zu veröffentlichen. „Die Sehnsucht des Hamsters oder Entfernte Ernte" soll der Titel des Buches sein. Der Verfasser darf natürlich nicht Freddy heißen, sondern ich muss mir einen Künstlernamen ausdenken. Damit niemand merkt, dass die Gedichte von einem echten

Goldhamster sind. Deshalb kann ich sie ja auch Sofie nicht ... Moment mal!
Das hätte ich doch um ein Haar vergessen! Master John und ich waren ja gerade dabei, mein Geheimnis zu lüften! Er wollte Lisa davon erzählen. Was sprach dagegen, auch Sofie einzuweihen? Nichts. Im Gegenteil. Wenn es jemand verdient hatte, über meine Fähigkeiten Bescheid zu wissen, dann Sofie. Schließlich hatte sie den Anstoß für mein Lesenlernen gegeben.
Endlich!
Endlich würde ich ihr meine Gedichte zeigen können. Und damit meine Gefühle. Im Buch unserer Beziehung würde ein ganz neues Kapitel aufgeschlagen werden! Freddy meets Sofie! Irre! Ich machte einen Luftsprung. Und zwar einen mit Überschlag (das kann ich nämlich), und weil es so schön war, gleich noch einen.
„Hey, Kid!", Master John lachte. „Was ist denn plötzlich in dich gefahren?"
„Die Freude, Meister", gab ich ein. „Die unbändige Freude darüber, dass ich nun mit Sofie reden kann."
„Hm", machte Master John. „Du meinst, wir sollten auch Sofie einweihen?"
Ich nickte.
Master John sah mich an. Länger. Dann begann er,

langsam den Kopf zu schütteln. Und er sagte: „Sorry, Kid."

„???", gab ich ein.

„Es geht nicht." Wieder schüttelte Master John den Kopf. „Wir durfen Sofie dein Geheimnis nicht offenbaren."

3. Kapitel

Ich stand stumm und reglos und starrte Master John an.
Als hätte ein eisiger Hauch mich urplötzlich in die Winterschlafstarre gefrostet, so etwa muss ich ausgesehen haben. Und so fühlte ich mich auch.
Dann aber stieg jäh die heiße Hamsterwut in mir hoch.
Wie, verdammt, kam Master John dazu, mir zu sagen, was ich durfte und was nicht?
Es wurde Zeit, mal mit aller Schärfe daran zu erinnern: Zuerst war Sofie in mein Leben getreten. Und danach erst Master John.
Und jetzt wollte ausgerechnet er mir den Kontakt zu Sofie verbieten?
Ich bleckte die Zähne und war drauf und dran vor Wut zu fauchen.
„Listen, Kid", sagte da Master John. „Ich will dir nichts

verbieten. Dazu habe ich kein Recht. Aber ich möchte dich davon uberzeugen, dass es gefährlich wäre, Sofie einzuweihen."

„Ob ich mich in Gefahr begebe", haute ich mit den Pfoten in die Tasten, „das geht nur mich was an!"

Master John nickte. „Sure, Kid. Aber nicht, wenn du andere in Gefahr bringst."

„Wen zum Beispiel?", drückte ich, noch immer wütend.

„Sofie zum Beispiel."

Fünf Minuten später war meine Wut verraucht. Nicht ganz allerdings. Ein leichter Groll war geblieben. Bei Licht besehen, konnte man ihn sogar als mittleren bezeichnen.

Aber jedenfalls hatte Master John mir klargemacht, dass ich Sofie tatsächlich in Gefahr brachte, wenn ich sie in mein Geheimnis einweihte. „Naturlich wird sie es nicht verraten wollen", hatte er gesagt. „Aber sie ist ein junges Mädchen, und irgendwann wird es ihr entschlupfen." Dann dauere es garantiert nicht lange, bis wieder irgendwer mit finsteren Absichten auf den Plan trete.

„Okay, Meister, ich sehe es ein", hatte ich auf dem Monitor erscheinen lassen. „Also wird nur Lisa ins Vertrauen gezogen."

Aber zwischen „etwas einsehen" und „wirklich damit

einverstanden sein" ist genügend Platz für mittleren Groll. Ich war sauer. Und zwar nicht nur auf Master John, sondern komischerweise auch auf Lisa. Irgendwie musste ich mir Luft machen, wenigstens ein bisschen.

Ich nahm mir vor, Lisa heute mal nicht mit meiner Spezialbegrüßung zu empfangen.

Als sie dann aber ins Zimmer kam, mit leuchtend rotem Haar, schlank und fast so groß wie Master John und vor allem mit dem Duft ihres Apfel-Pfirsich-Parfüms, bei dem einem Hamster schwindlig werden kann vor Entzücken, da schmolz mein Vorsatz wie Softeis an der Sonne: Ich brachte mich in Männchen-Positur, hob die rechte Vorderpfote und dann winkte ich (das kann ich nämlich. Und zwar weltweit als einziger Goldhamster).

„Hallo, Freddy", begrüßte mich Lisa mit ihrer dunklen, für Hamsterohren so angenehmen Stimme. „Gut geschlafen? Hast du was Schönes geträumt? Vielleicht von einem Mehlwurm?"

Es war immer wieder erstaunlich, wie sie sich in meine Hamsterseele hineinfühlte. Um ihr meine Sympathie zu zeigen, machte ich einen Luftsprung mit Überschlag.

Master John lachte. „Er mag dich ganz offensichtlich."

„Und ich mag ihn." Lisa sah mich an. „Schade, dass

wir nicht miteinander reden können. Auf irgendeine Weise. Das wünschte ich mir wirklich."

Ich auch, meine Gnädigste, ich auch. Und du ahnst ja nicht, wie bald wir das können werden.

Lisa sah mich noch immer an. Aufmerksam musterte sie mich, geradezu eindringlich – was hatte sie nur?

Plötzlich wendete sie sich Master John zu. „Und nun, mein Lieber, verlange ich eine Erklärung. Woher wusstest du, dass diese Feldhamster in Gefahr sind?"

„Well, äh, hm." Master John zeigte auf seinen Arbeitsstuhl. „Bitte, nimm erst mal Platz."

„Warum? Ich stehe hier ganz gut."

„Aber vielleicht nicht mehr lange. Ich meine, wenn ich dir gesagt haben werde, was ich dir sagen will."

„Aha?" Langsam ließ sich Lisa auf dem Stuhl nieder.

„Well." Master John hatte die Hände auf dem Rücken gefaltet. „Ich weiß, dass du nicht leicht aus der Fassung zu bringen bist. Nur ist das denn doch eine Sache, mit der ich dich nicht so einfach überfallen will."

„Sehr rücksichtsvoll von dir." Lisa musterte nun Master John. So aufmerksam wie vorhin mich. „Aber ich bin in der Tat nicht so zart besaitet. Also sag schon."

Doch Master John hatte sich vorgenommen, Lisa schonend einzuweihen, und darin ließ er sich nicht beirren. „Well, äh", setzte er sein Schongang-Programm fort, „um es frei nach Shakespeare zu sagen, Lisa: Es gibt mehr Dinge im Himmel und auf Erden, als deine Schulweisheit sich träumen lässt."
„Hm." Lisa saß plötzlich sehr aufrecht. „Und was, mein lieber John, lasse ich mir nicht träumen?"
„Okay, halte dich fest." Master John schien nun die Gangart verschärfen zu wollen. „Look at Freddy, please."
Lisa blickte zu mir hin. Und zwar mit einem Gesichtsausdruck, den ich mir nicht deuten konnte: Offenkundig war Lisa aufs Höchste gespannt. Zugleich aber sah es wahrhaftig so aus, als lächelte sie ein bisschen.
„Freddy, wie er da sitzt", sagte Master John, „ist ein ganz normaler Goldhamster. Einerseits. Andererseits kann er etwas, was ein normaler Goldhamster nicht kann. Well, ich meine nicht sein Winken. Oder seinen Überschlag." Master John hielt inne. „Bloody difficult", murmelte er.
Und da sagte Lisa ruhig: „John. Versuchst du mir zu sagen, dass Freddy lesen und schreiben kann?"

Genau eine Minute später hatte Master John sich wieder gefasst.
Aber immerhin: Eine Minute lang war er total aus

dem Gleichgewicht gewesen. Zuerst hatte er Lisa so entgeistert angestarrt, als hätte sie ihm mitgeteilt, sie sei keine Erdbewohnerin, sondern stamme aus Galaxis Nummer 26. Dann hatte er zu murmeln begonnen: „I can't believe it", was wohl so viel hieß wie: Ist es denn die Möglichkeit?

Als er dies zum dritten oder vierten Mal murmelte, sagte Lisa: „Na, nun, John. Dermaßen aus der Fassung habe ich dich ja noch nie gesehen."

„Indeed, das bin ich", sagte er. „Ich bin erschuttert, wie leicht man offenbar Freddys brisantes Geheimnis knacken kann."

„Leicht?" Lisa schüttelte den Kopf. „Das war es überhaupt nicht. Sicher, bestimmte Beobachtungen drängten sich förmlich auf. Aber daraus den richtigen Schluss zu ziehen – das war weiß Gott nicht leicht."

„Beobachtungen? Welche?"

„Die Hamsterstrickleiter hoch zum Arbeitstisch beispielsweise. Da oben gibt es keine Hamster-Sportgeräte, kein Körnerfutter und Mehlwürmer schon gar nicht." Lisa beugte sich über mich. Eine Wolke, die betörend nach Apfel und Pfirsich duftete, senkte sich auf mich herab. „Was also sucht ein Goldhamster am Macintosh?"

Ja bitte, was, Gnädigste? Mir war schwindelig von der Duftwolke.

Lisa lächelte. „Freddy. Was spricht dagegen, dass wir es jetzt mit dem Miteinanderreden probieren?"
Ich schwebte in der Duftwolke zur Tastatur. „Absolut nichts", gab ich ein. „Ich fange mal mit einem hamsterherzlichen Willkommensgruß an. Und dann, Gnädigste: Bitte niemals das Parfüm wechseln!"
Lisa lachte. „Versprochen", sagte sie.
Master John sagte nun kopfschüttelnd: „Aber, Lisa: Wenn du Freddys Geheimnis gekannt oder zumindest etwas geahnt hast – warum hast du denn nie etwas gesagt?"
Lisa hob die Schultern. „Ihr hattet offenbar beschlossen, dass niemand eingeweiht werden sollte. Also habe ich geschwiegen."
Ich muss das jetzt mal hier einschieben: Wir Goldhamster sind bekanntlich Einzelgänger und leben lieber allein. Wenn aber zu zweit, dann muss das Weibchen ein Kumpel sein, mit dem man Mehlwürmer stehlen kann. Und das sich aus Sachen raushält, die es nichts angehen. So gesehen kann sich Master John zu seinem Weibchen gratulieren.
„Und nun zu den Feldhamstern", sagte Lisa. „Woher wusstest du davon? Hat das mit Freddys Geheimnis zu tun?"
„Exactly", sagte Master John. „Und jetzt wirst du in ein zweites Geheimnis eingeweiht. Das heißt, wenn du das nicht auch schon kennst."

Aber natürlich hatte Lisa von Interanimal noch nie etwas gehört und die Sache erstaunte sie nicht schlecht. Allerdings nicht so, dass ich sagen würde, sie sei von den Socken gewesen.

Master John berichtete nun von den beiden Hilferufen und dass ich der Ansicht sei, es handele sich um Feldhamster.

„Und damit liegt Freddy wohl richtig", sagte Lisa. Sie zog ein Blatt Papier aus ihrer Umhängetasche. „Das ist die Meldung, die ich heute früh gekriegt habe. Ich lese sie einfach mal vor." Was sie dann auch tat.

Keine Angst. Ich berichte gleich, was in der Meldung stand. Vorher aber muss ich doch mal zu Protokoll geben, und zwar, wenn's erlaubt ist, mit aller Deutlichkeit: Wir Goldhamster, lateinisch Mesocricetus auratus, sind sozusagen der Inbegriff der Hamster. So was wie Zwerghamster kann man vergessen. Und die Feldhamster, Cricetus cricetus, obschon mindestens dreimal so groß wie wir, ebenfalls. Warum? Weil die Kerle Bauern sind. Bloß am Fressen interessiert und nicht die Bohne an Kultur. Woher ich das weiß? Na, von Urgroßmutter. Und Urgroßmutter war nicht irgendwer, sondern diejenige, die uns Junghamster in dem Käfig, wo ich geboren wurde, in die Geheimnisse der Hamsterheit einführte.

Feldhamster also. Ich gestehe, dass ich, nachdem mir das klar geworden war, für einen Moment mit dem

Gedanken spielte, diese Landeier ihrem Schicksal zu überlassen. Wie kam man als Goldhamster dazu ... Okay, ich habe mich anders entschieden. Schließlich sind die Feldhamster, wenn auch vom Lande, sozusagen Vettern von unsereinem. Aber ich konnte nur hoffen, dass die Jungs meinen Einsatz verdienten.
Und hier nun die Meldung, die Lisa vorlas:

„Falscher Feldhamster-Alarm.
Die Befürchtung, eine neue Autofabrik könne nicht gebaut werden, weil das dafür vorgesehene Gelände von Feldhamstern bewohnt werde, hat sich als grundlos herausgestellt.
Das Regierungspräsidium als zuständige Behörde hatte es zunächst für möglich gehalten, dass sich auf dem künftigen Baugelände eine Kolonie Feldhamster befindet. Hätte sich dies bewahrheitet, wäre es das Aus für die neue Autofabrik gewesen. Denn der vom Aussterben bedrohte Feldhamster steht unter strengem Schutz. Der Bau der Fabrik hätte dann nicht genehmigt werden dürfen.
Wie jedoch der Regierungspräsident gestern mitteilte, habe ein wissenschaftliches Gutachten einwandfrei ergeben, dass es auf dem Gelände keinerlei Anzeichen für eine Hamster-Population gebe. Somit stehe dem Bau der Fabrik nichts entgegen.
Unterdessen hat eine Gruppe von Tierschützern in

einem Schreiben an unsere Nachrichtenagentur das Ergebnis des Gutachtens in Frage gestellt. Die offenbar militanten Tierschützer, die sich ‚Die Kornwölfe' nennen, haben in dem absenderlosen Brief angekündigt, die Baumaßnahmen verhindern zu wollen. Die heute beginnenden Erdarbeiten werden deshalb vorsorglich unter Bewachung durchgeführt."

Nachdem Lisa die Meldung vorgelesen hatte, herrschte erst mal Schweigen.
Nach einer Weile kam von Master John: „Fishy, isn't it?"
„Die Sache ist durch und durch faul", stimmte Lisa zu. „Wenn es die Hilferufe gab, dann gibt es auch die Hamster. Dieses Gutachten lügt."
„Aber warum sollte es lugen?"
Lisa sah Master John an. „Ist das jetzt eine ernsthafte Frage?"
„Well, äh ..."
„Ich weiß, du glaubst gern an das Gute im Menschen. Aber für mich liegt der Fall klar: Der Regierungspräsident hat sich für die Fabrik entschieden und gegen die Hamster. Die werden platt gemacht."
„Just a minute, just a minute!" Master John dachte nach. „Freddy hat Hilferufe von Feldhamstern aufgefangen. Das ist das eine. Auf einem Baugelände gibt es möglicherweise Hamster. Das ist das andere. Dass

beides miteinander zu tun hat, ist nur eine Vermutung."

„Für die einiges spricht", sagte Lisa. „Aber du hast Recht. Wir brauchen Gewissheit. Und ich weiß auch, wie wir die kriegen."

„Nämlich wie?"

„Ich frage den Regierungspräsidenten selber. Ich interviewe ihn. Und damit er mir nichts vormachen kann, bitte ich einen Hamster-Experten, den ich kenne, mitzukommen."

Bisher hatte ich bloß zugehört. Aber jetzt musste ich doch mal nachfragen. „Du kennst einen Hamster-Experten?" ließ ich auf dem Monitor erscheinen.

„Ja. Und zwar den besten."

„Interessant", gab ich ein und versuchte, das Folgende angemessen spitz zu formulieren. „Und wer, bitte, soll das sein? Kann man vielleicht den Namen dieses ach so bedeutenden Experten erfahren?"

„Sicher", nickte Lisa. „Sein Name ist Freddy."

4. Kapitel

Weil ich mich ein bisschen schämte, wollte ich mit einigen klugen Gedanken zum Thema Expertentum angeben, ließ es dann aber doch bleiben.

„Nun?", fragte Lisa. „Begleitest du mich als Experte zum Regierungspräsidenten?"

„Bin, Lady, gern dabei, der Sach' zum Nutzen", gab ich ein. „Doch wird der Präsident wohl etwas stutzen."

„Das steht zu befürchten." Lisa schmunzelte. „Aber da denken wir uns noch was aus. Und jetzt …" Sie hielt inne.

Das Telefon hatte geklingelt.

„Hello?", fragte Master John. „Ah, well, Sofie. – Of course kannst du uns besuchen. Und wann? – Ja, bis dann also." Er legte auf. „Sofie kommt gleich. Ist dir doch recht, Freddy?"

Ob es mir recht war, dass Sofie mich besuchte? Welch

eine Frage! Statt über den Monitor zu antworten, machte ich einen Luftsprung mit Überschlag.

„Na, das war deutlich!" Lisa lachte. „Und jetzt muss ich zurück in die Redaktion. Ich will versuchen, gleich einen Termin beim Regierungspräsidenten zu kriegen."

„Hoffentlich werden bis dahin nicht noch mehr Hamster ermordet." Master John begleitete Lisa nach draußen.

Sofie kam zu Besuch!

Rasch kletterte ich hinunter zum Fußboden, sauste zum Bücherbord und erklomm die Hamsterstrickleiter zu meinem Käfig. Weil mir, warum auch immer, sentimental zumute war, buddelte ich den Bleistift aus der Einstreu.

Ach ja. Der Hebel zur Freiheit. Mit diesem Stift hatte ich seinerzeit das Käfigtürchen aufgehebelt. Wann eigentlich hatte ich begonnen, mich nach der Freiheit zu sehnen?

> War es, als mich Urgroßmutter
> lehrte, dass auch Geistesfutter
> zu des Hamsters Nahrung zählte?
> Dass ich mich schon da vermählte
> mit der
> Sehnsucht nach Freiheit?

Oder als ich lesen lernte,
eindrang ins mir weit entfernte
Feld der Zeichen mit Bedeutung?
Dass ich erst nach dieser Häutung
fühlt' die
Sehnsucht nach Freiheit?

Ach, solch Fragen ist vergebens!
War die Wende meines Lebens
doch ein Duft! – Mich führt' zu Sternen
Duft nach Sonnenblumenkernen.
Ach ja.
Sehnsucht nach Sofie.

Ich habe dieses Gedicht „Sehnsucht beim Betrachten eines Bleistiftes" genannt. Es wird am Anfang meines geplanten Lyrik-Bandes stehen (richtig: der mit dem Titel „Die Sehnsucht des Hamsters oder Entfernte Ernte"). Ich finde, es ist Goldhamster-Lyrik vom Feinsten. Bin gespannt, was die Kritiker dazu sagen.
Und Sofie?
Sie würde nichts dazu sagen können. Weil ich es ihr nicht zeigen durfte. Weil Sofie niemals erfahren würde, was ihr Hamster Freddy wirklich für sie empfand.
Wenn wir Goldhamster weinen könnten, dann hätte ich jetzt (das gestehe ich) bestimmt die eine oder an-

dere Träne vergossen. So aber blieb mir bloß, trauerverloren auf dem Holz des Bleistiftes zu kauen. Was sich zwar hervorragend anfühlte, mich aber nur unwesentlich aufheiterte. Ich verbuddelte den Stift wieder, noch immer trüb gestimmt.
Doch als dann Sofie erschien, da verflog meine Trauer und es war alles wie jedes Mal. Anfangs zumindest.
Sofie kam ins Arbeitszimmer gestürmt, mit ihr der aufregende Duft nach Sonnenblumenkernen. „Hallo, Freddy!", rief sie.
Ich hatte mich am offenen Käfigtürchen aufgebaut, machte ein Männchen, so hoch ich konnte, und dann winkte ich.
„Er winkt!", rief Sofie. „Freddy begrüßt mich!" Sie ist darüber immer wieder so entzückt, als wäre es das erste Mal. Und schon holte sie das Tütchen aus der Tasche.
Ich weiß inzwischen, dass Sofie sich mit diesen Tierchen eine sagenhafte Mühe gibt. Sie päppelt sie mit Salat, Haferflocken und wer weiß nicht alles. Und tatsächlich wachsen sie zu einer Größe heran, von der die frisch in der Tierhandlung gekauften bloß träumen können. Es war wieder einmal der dickste und fetteste Mehlwurm unter der Sonne, den Sofie mir auf meinen Futterplatz legte. Augenblicklich machte ich mich über ihn her (Einzelheiten verkneife ich

mir, weil ich weiß, dass manche Menschen schon mit dem Äußeren eines sich ringelnden Mehlwurmes Probleme haben, zu schweigen vom köstlichen Inneren).
Dann, als ich das Mitbringsel verputzt hatte, machte ich wie gewöhnlich einen Freuden-Luftsprung mit Überschlag. Und es war genau da, dass mich die Trauer wieder überfiel. Nie würde ich Sofie meine Gefühle anders zeigen können als mit meinem Winken und den Luftsprüngen!
Niedergeschlagen hockte ich in der Einstreu. Sofie konnte mir zum Glück nicht ansehen, was ich fühlte. Dafür war ich im Moment richtig dankbar.
„Und jetzt, Freddy", sagte Sofie, „kommt eine Überraschung. Heute hab ich dir nämlich noch was mitgebracht." Ich richtete mich auf.
Sofie griff in ihre Tasche. „Ich habe gedacht, dass ich dir mal mit was Besonderem eine Freude mache. Aber womit? Da ist mir eingefallen, wie du immer auf meinem Arbeitstisch rumgesaust bist. Und da hat es was gegeben, auf das du ganz scharf warst. Du wolltest es unbedingt haben und am Ende hab ich dir's auch gegeben." Sie zog die Hand aus der Tasche. „Natürlich ist es nicht derselbe. Aber er ist ganz genauso."
Er war tatsächlich genauso. Die gleiche Dicke, die gleiche Länge und vor allem: das gleiche unlackierte, rohe Holz. Er war ganz genau so wie mein Bleistifthebel.

Das Auto von Lisa war eines von den kleinen, sparsamen, die bloß dazu taugen, in der Stadt von A nach B zu flitzen, mit denen man aber bei B immer eine Parklücke findet. Master John saß mit angezogenen Knien auf dem Beifahrersitz. Und ich hinten auf der Ablage, damit ich was sehen konnte. Nicht, dass ich die Landschaft bewundern wollte. Wir Goldhamster haben leider keine berauschend scharfen Augen (und ich kann nur sagen: Offensichtlich lesen Optiker keine Freddy-Bücher. Sonst wären längst Goldhamsterbrillen auf dem Markt!), aber um Lisa und Master John zu beobachten, langte es allemal. Und das musste ich, wollte ich ihr Gespräch voll mitkriegen. Denn die Menschen verständigen sich nicht bloß mit Reden, sondern auch, ohne dass sie es selber merken, mit Händegefuchtel und Gesichterschneiden.

Auf der Ablage gab es noch Lisas Laptop (damit ich unterwegs notfalls was eingeben konnte), ihre Umhänge- und eine Fototasche.

„I don't know." Master John schüttelte den Kopf. „Dass ich ein Fotograf sein soll, nimmt mir dieser Präsident nie ab. Ich kann keine guten Bilder schießen."

„John. Du sollst keine guten Bilder schießen. Sondern du sollst nur so tun, als ob du gute Bilder schießt. Okay?"

„Schössest."

„Was?"
„Als ob ich gute Bilder schösse."
„Na toll!" Lisa warf die Arme hoch, was zu einem kleinen Schlenker des Autos führte. „Kann keinen Fotografen spielen. Aber locker den Deutschlehrer."
Master John lachte. Dann sagte er: „Warum hat der Mann uns eigentlich nicht ins Regierungspräsidium bestellt, sondern zu sich nach Hause?"
„Er sagt, es wäre bequemer für ihn. Er hätte zu Hause sein Zweitbüro." Lisa zuckte mit den Achseln. „Ist ja egal. Hauptsache, ich kann ihn interviewen. Was er übrigens zunächst gar nicht wollte. Erst als ich sagte, dass es um die Feldhamster ginge, war er dazu bereit. Dann allerdings ziemlich fix. Ich glaube, den kriege ich am besten, wenn ich ihn frontal angehe."
„Vermutlich", sagte Master John. Er versank ins Grübeln. Dann sagte er: „Wie macht man ein Porträt-Foto? Frontal? Oder geht das auch von der Seite? Das hängt von der Gesichtsform ab, nicht wahr?"
„John! Du spielst den Fotografen bloß, okay? Damit wir Freddy reinschmuggeln können." Nach einer Weile sagte sie: „Ich weiß übrigens nicht, wie der Mann aussieht. Aber ich will ja nur was aus ihm herauskitzeln. Dabei spielt sein Aussehen keine Rolle."
Master John schüttelte den Kopf. „Das glaube ich nicht. Das Äußere hat viel damit zu tun, wie einer denkt und fuhlt."

„Na schön", sagte Lisa. „Dann ist der Regierungspräsident wahrscheinlich klein und dick, hat eine Glatze und raucht Zigarren."

Der Regierungspräsident war klein und dick, hatte eine Glatze und rauchte Pfeife.
Vorsichtig spähte ich durch einen Spalt unter dem Deckel der Fototasche nach draußen. Master John hatte die Tasche auf einem seitlichen Tisch abgestellt. Er selbst stand nicht weit davon, hantierte mit einer Kamera und versuchte sich den Anschein zu geben, als schösse er demnächst gute Bilder.
Der Pfeifenrauch konnte übrigens ein Problem werden. Meine Nase juckte schon jetzt.
Lisa saß vor einem riesigen Schreibtisch, auf dem sie ein Mikrofon platziert hatte. Und hinter dem Schreibtisch lehnte in einem riesigen Leder-Drehsessel der dicke Regierungspräsident. Er lächelte so freundlich und offen, wie nur jemand lächeln kann, der absolut nichts zu verbergen hat.
Oder alles.
„Also, Frau Potempe, was wollen Sie wissen?"
„Herr Präsident", begann Lisa höflich. „Auf einem Baugelände werden Feldhamster vermutet, nicht ohne Grund, wie ich annehme. Und dann, Simsalabim, sind die Tiere plötzlich verschwunden. Warum?"
Der Regierungspräsident lächelte. „Weil ein Gutach-

ten das Nichtvorhandensein von Hamstern ergeben hat."

„Einwandfrei?"

„Einwandfrei und zweifelsfrei. Von anerkannten Experten bezeugt." Das Lächeln des Regierungspräsidenten wurde breiter. „Ich überlasse Ihnen gern eine Kopie."

„Danke, nicht nötig. Dieses Gutachten ist unter Garantie wasserdicht." Lisa schien zu überlegen. „Es hat also alles seine Richtigkeit und es gibt keine Probleme", sagte sie. Und stieß plötzlich nach: „Warum haben Sie sich dann zu diesem Interview bereit erklärt?"

Master John, der gerade so tun wollte, als schösse er ein Foto, ließ die Kamera wieder sinken.

„Nun, weil äh …" Der Regierungspräsident langte nach einem Feuerzeug und begann, seine Pfeife neu zu entzünden. Das nahm einige Zeit in Anspruch. Dann sagte er: „Nun, ganz einfach. Sie wissen, es gibt diese militanten Tierschützer, die nach wie vor behaupten, auf dem Baugelände lebten Hamster. Ich möchte Klarheit für die Öffentlichkeit. Von diesem Interview verspreche ich mir einen Artikel, der deutlich macht: Die Hamsterfrage ist vom Tisch."

„Tut mir Leid, Herr Präsident", sagte da Lisa. „Aber daraus wird nichts."

„Äh … Ich fürchte, ich verstehe nicht ganz."

„Ich werde keinen solchen Artikel schreiben. Im Gegenteil." Lisa machte eine Pause. Und dann sagte sie: „Uns liegt nämlich auch ein Gutachten vor."

Der Regierungspräsident richtete sich auf. „Ein Gutachten?"

„Ja", sagte Lisa. „Und das stellt zweifelsfrei fest, dass auf dem Gelände sehr wohl Feldhamster leben."

„Aha? Darf ich fragen, von wem dieses Gutachten stammt?"

„Das dürfen Sie, aber erwarten Sie keine Antwort. Denn selbstverständlich geben wir den Namen unseres Experten nicht preis. Er genießt Informantenschutz. Nur so viel: Er ist ein Experte, dessen Sachverstand über jeden Zweifel erhaben ist. Jedenfalls werde ich ..." Sie hielt inne.

Es hatte geklopft.

„Ja!", rief der Regierungspräsident.

Eine Frau kam herein. Sie war groß und knochig, hatte graue Haare mit einem Knoten und balancierte ein Tablett mit Teegeschirr.

Der Regierungspräsident runzelte die Stirn. „Ich hatte Ihnen doch gesagt, Sieglinde, dass Sie warten sollen, bis ich Sie rufe."

„Ja, ja." Sieglinde marschierte zur Couchecke. „Aber falls Sie's vergessen haben sollten: Heut ist mein freier Nachmittag."

Sie setzte das Tablett geräuschvoll auf dem Couchtisch ab. „Bitte, die Herrschaften."

„Danke, es ist gut. Sie können dann Schluss machen."
„Schönen Tag noch." Sieglinde verließ das Zimmer so zielstrebig, wie sie es betreten hatte.
„Meine Haushälterin." Der Regierungspräsident lächelte. „An sich ist sie eine brave Person. Nun, etwas Tee kann ja wirklich nicht schaden. Bitte bedienen Sie sich." Er blieb hinter dem Schreibtisch sitzen und entzündete, während Lisa und John sich Tee eingossen, seine Pfeife neu.
Eine Pfeife schien etwas zu sein, das ständig ausging und bei jedem neuen Entzünden beißender roch. Ich kämpfte mit einem Niesreiz.
„Also gut", sagte unvermittelt der Regierungspräsident, „dann müssen wir es eben so machen. – Frau Potempe, würden Sie bitte Ihren Fotografen nach draußen schicken?"
Lisa zögerte. Dann nickte sie Master John zu. Der setzte seine Tasse ab und verließ das Zimmer. Die Fototasche hatte er stehen lassen.
„So." Der Regierungspräsident hatte seine Pfeife in Gang und paffte Rauchwolken. „Was ich Ihnen nun sagen werde, ist nicht zur Veröffentlichung bestimmt. – Würden Sie jetzt", sagte er freundlich, „Ihren Rekorder aus der Tasche holen und auf eine Weise ausschalten, die mich überzeugt?"
Lisa nahm den Rekorder aus ihrer Tasche, öffnete einen Deckel und ließ vier Batterien herausfallen.

Der Regierungspräsident nickte. „Ich sehe, Sie sind Profi. Umso besser. Dann kann ich ja deutlich werden." Er lächelte breit. „Vorhin fragten Sie, warum ich mich auf dieses Interview eingelassen habe. Nun, ich wollte herausbekommen, was Sie wissen. Nun weiß ich: Sie haben ein Gutachten. Sie wissen von den Hamstern." Er hielt inne.

„Frau Potempe.", sagte er dann. „Es ist Ihnen doch klar, dass Sie das, was ich Ihnen jetzt sage, nicht verwenden können?"

Lisa nickte. „Ich weiß. Denn wenn ich es tue, werden Sie schwören: Das habe ich nie gesagt." Sie zögerte. „Ich frage mich nur", fuhr sie fort, „warum Sie es mir trotzdem sagen."

„Das verrate ich Ihnen gerne." Der Regierungspräsident lehnte sich zurück. „Ich möchte, dass Sie meine Kreise nicht stören. Ich möchte, dass Sie verstehen: Es hat keinen Sinn, wenn Sie sich für die Hamster in die Bresche werfen und gegen die Fabrik anschreiben. Es kommt alles, wie es kommen muss. Sie können gar nichts daran ändern."

„Und wie wird es kommen?"

Der Regierungspräsident legte sein Pfeife beiseite. Dann faltete er die Hände. „Frau Potempe. An dieser neuen Fabrik hängen Hunderte von Arbeitsplätzen. Ich frage Sie: Was sind dagegen ein Dutzend Hamster?"

In diesem Moment geschah es: Der Niesreiz wurde so übermächtig, dass ich herausplatzte.
Stille.
Nach einer Weile sagte der Regierungspräsident: „Dieses Dutzend Hamster machen wir platt."
Er hatte mein Niesen überhört.

5. Kapitel

Die Aktion „Rettet die Vettern" starteten wir noch am selben Nachmittag.
Wir – das waren ich (natürlich; ich erwähne das auch bloß der guten Hamsterordnung wegen), wie schon gehabt hinten auf der Ablage, vorne Lisa, die ihr kleines Auto gekonnt über die Landstraße lenkte, auf dem Beifahrersitz Master John, der eine Karte auf seinen Knien ausgebreitet hielt, und dann, bei mir auf der Ablage, Sir William und leider auch Enrico & Caruso.
Sir William lag lang gestreckt, hatte den Kopf auf die Vorderpfoten gelegt und hielt die Augen geschlossen. Von Zeit zu Zeit maunzte er leise. Es hatte ihn schwer erwischt.
„Großer Katzengott", hatte er gemurmelt, schon bald nachdem wir losgefahren waren, „ich glaube, ich vertrage das Autofahren nicht. Mir wird übel." Und nach

einer Weile hatte er ächzend hinzugefügt: „Ich hoffe, es geht ohne Malheur ab." Seither lag er da und kämpfte tapfer dagegen an.

Enrico & Caruso dagegen ging es blendend. Sie hockten nebeneinander auf der Ablage, besahen die vorbeifliegende Landschaft (die Natur hat, was ich nicht ganz verstehe, den Meerschweinen ziemlich scharfe Augen verpasst) und pfiffen ein Lied nach dem anderen aus ihrem Repertoire. Und zwar auf das Grässlichste. Schließlich hielt ich es nicht mehr aus.

„Verdammt, Jungs. Könnt ihr nicht ein bisschen Rücksicht auf Sir William nehmen?"

„Enrico", sagte Caruso, „Seiner Hamstertät passt wieder mal was nicht."

„Ich glaube, Caruso, damit ist Fall HK eingetreten."

„Du sagst es, Bruder im Geiste. Also dann: Eins, zwei, drei ..."

Und sie schrien im Chor: „Ricke Racke, Hamsterkacke!"

Irgendwo, vermutlich in den Tiefen des Weltalls, musste eine dunkle Macht sitzen, die diesen beiden Meerschweinen einflüsterte, wie sie mich am wirkungsvollsten piesacken konnten.

Ich zitterte vor Wut – vor unterdrückter. Das fehlte noch, dass ich den beiden Scherzschweinen zeigte, wie sie mich auf die Palme gejagt hatten. „Hört zu", sagte ich. „Eure Späße sind mehr als unpassend. Wir sind in einer ernsten Mission unterwegs. Es geht um Hamsterleben."

„Aber klar!" Enrico schlug sich mit der Pfote vor die Stirn. „Wie konnten wir das vergessen! Dafür sind wir unterwegs! Das ist sozusagen ein Wandertag in Sachen Leben."

„Umgekehrt, Enrico!" Caruso breitete theatralisch die Pfoten aus. „Umgekehrt wird ein Wanderschuh daraus! Das Leben ist ein Wandertag! – Sangesbruder: zwei, drei!"

Und die beiden intonierten lauthals:

> „Das Leben ist ein Wandertag,
> wir wandern alle Tage.
> Es bleib' daheim, wer immer mag,
> es ziehe los, wer wage.
> Drum sei ein Wandrer und tu so
> wie Enrico und Caruso.
>
> Das Leben – eine Butterfahrt?
> Nein danke, viel zu fettig.
> Wer hamstert ist nicht cool und smart,
> ist alles schon vorrätig.
> Drum sei ein Wandrer und tu so
> wie Enrico und Caruso.

Das Leben ist ein Schulausflug,
so lustig wie wir beide.
Und wenn er endet, war's genug,
dann fröhlich von hier scheide.
Drum sei ein Wandrer und tu so
wie Enrico und Caruso."

„Wer hamstert, ist nicht cool und smart" – und wieder hatte die dunkle Macht aus dem Weltall zugeschlagen. Ich stand mit gebleckten Zähnen und gesträubtem Fell. Was fiel den beiden ein, mein Hamstertum in den Dreck ihres liederlichen Liedes zu ziehen?! Verlor ich etwa ein einziges Wort über das Meerschweintum, das es zum Beispiel mit der Reinlichkeit nicht so genau nimmt? Darüber dass der Käfig von Enrico & Caruso, um es mal klar zu sagen, ein Saustall ist? – Okay, Jungs, macht euch bereit. Jetzt kriegt die dunkle Macht mit lichter Hamsterkraft was aufs Haupt.
Die beiden hockten mit dem Rücken zum Fenster, sodass sie, wenn ich sie umlegte, mit den Köpfen gegen die Scheibe bumsen würden. Was vielleicht in ihren Birnen mal ein paar vernünftige Gedanken locker machte. Ich richtete mich auf.
„Freddy, Bester", kam da von Sir William. „Wir wollen doch nicht etwa unfair werden, wie? – Übrigens war das Lied wirklich komisch. Jetzt fühle ich mich direkt

besser. – Jungs", sagte er zu Enrico & Caruso, „ich danke euch."
Sir William ist zweifelsohne das, was man eine Persönlichkeit nennt. Aber von Komik versteht er ungefähr so viel wie ein Mehlwurm vom Seilchenspringen. So hat es irgendwann geschehen können, dass Seine Lordschaft Enrico & Caruso zu seinen Leibkomikern ernannte. Seither dürfen diese beiden Scherzschweine zum Besten geben, was immer ihnen einfällt – Seine Lordschaft ist unter Garantie amüsiert.
Tatsächlich hegte ich den Verdacht, dass Enrico & Caruso nur deshalb mit im Auto saßen, weil der Sir nicht ohne seine Clowns auf Reisen gehen wollte.

Als wir beim großen Kriegsrat die Aktion „Rettet die Vettern" beschlossen hatten (die Aktion so zu nennen war meine Idee), hatte die Frage, wer mitkommen sollte, anfangs keine Rolle gespielt. Sondern zuerst nur, was wir überhaupt machen konnten.
„Zeitungsartikel können wir vergessen", sagte Lisa. „Bis ich damit was bewirke, gibt es die Hamster nicht mehr. Der Regierungspräsident ist aufs Freundlichste entschlossen, sie platt zu machen." Ich nickte (wir Tiere saßen übrigens vollzählig auf dem Arbeitstisch. Sir William war heraufgesprungen, und weil Meerschweine etwa so gut klettern können wie Kartoffelsäcke, hatte Master John Enrico & Caruso heraufgehoben).

„Hm", machte Master John. „Und wenn wir vor Gericht gingen? Eine einstweilige – wie nennt man das? – Verfugung erwirkten?"

„Dazu müssten wir beweisen können, dass das Gutachten des Regierungspräsidenten gelogen ist. Aber ich fürchte, unser Gegengutachter wird bei Gericht nicht zugelassen."

„Well", sagte Master John, „dann bleibt nur eines: Wir holen die Feldhamster vom Baugelände und bringen sie woanders hin."

„Das wird aber schwierig, Meister", ließ ich auf dem Monitor erscheinen. „Es geht schon damit los, das wir die Jungs erst mal finden müssen." So wie die Lage dort war (die Erdarbeiten hatten ja schon begonnen), liefen die nicht draußen herum, sondern hatten sich in ihre Baue verkrochen. Als Nächstes musste ein Evakuierungsplan entwickelt werden, selbstverständlich mit den Hamstern gemeinsam. „Und da wird's ganz schwierig. Wie ich meine Verwandten einschätze, ist jeder von denen ein streitsüchtiger Querkopf erster Güte."

„Hm." Master John überlegte. „Well, ich denke, wir fahren erst mal hin und sehen dann weiter." Lisa nickte zustimmend.

Da fragte Enrico: „Und wer fährt mit?"

Das hatte er natürlich auf Interanimal gesagt, sodass Lisa und Master John ihn nicht hören konnten. Aber dies war ohnehin eine Frage, die wir Tiere unter uns ausmachen mussten. Um der Sache gleich die Spitze abzubrechen, sagte ich rasch: „Außer mir muss noch mit ..."

„Er hat nicht dich gefragt", unterbrach mich Caruso, „sondern alle."

„Freddy, mein Guter", schaltete sich Sir William ein, „das ist in der Tat eine Entscheidung, die wir gemeinsam fällen sollten."

„Okay", sagte ich. „Dann schlage ich vor: Es fährt nur mit, wer wirklich bei der Aktion gebraucht wird."

„Einverstanden", nickten Enrico & Caruso.

Na, super. Da hatten die zwei Dussel sich gerade selber ausgebootet.

„Dass Freddy mitkommt, ist keine Frage", entschied Sir William. „Er ist unser Experte."

„Leider aber einer von der kleinwüchsigen Sorte", tat Enrico bekümmert.

„Wodurch bezüglich seines Fortkommens auf dem weiträumigen Baugelände ernsthafte Probleme entstehen", gab sich Caruso besorgt.

Und schon höhnten sie schreiend im Chor:

> „Es bläht sich der Experte.
> Bloß: Er ist schlecht zu Fuß!
> Nichts nützten seine Werte,
> gäb's nicht den Katzenbus."

Sie hatten mich wieder mal kalt erwischt. Aber dieses Mal blieb ich cool: Nur zu, Jungs. Ihr wisst es noch nicht – aber *ihr* bleibt zu Hause.

Was die sachliche Seite der Verhöhnung anging, so hatten Enrico & Caruso leider Recht: Weite Strecken konnte ich, weil zu klein, nur zurücklegen, indem ich mich in Sir Williams Genick festbiss und von ihm transportieren ließ. Ich muss das mal ausdrücklich zu Protokoll geben: Es ist hochanständig vom Sir, dass er sich dazu immer wieder klaglos bereit erklärt.

Ich sah ihn an und er nickte. „Selbstverständlich, Bester, ist es keine Frage, dass ich dich auch dieses Mal transportiere."

Blieb also bloß noch, den beiden Komikern mitzuteilen, dass sie draußen waren. „Hört zu, Jungs", gab ich mich mitfühlend. „So Leid es mir tut, ihr müsst hier bleiben." Und fügte hinzu: „Oder habt ihr irgendwas vorzuweisen, das bei der Aktion gebraucht werden könnte?"

„Haben wir", sagte da Enrico.

„Wie bitte?"

„Wir haben etwas vorzuweisen, das gebraucht werden könnte."

„Ach?" Ich war echt gespannt. Die Fähigkeit, geschmacklose Späße zu reißen, konnten sie ja schlecht anführen.

Nun kam von Caruso: „Wir können graben."

„Ihr könnt ... was?"
„Graben", sagte Caruso. „Deine Vettern wohnen in Höhlen unter der Erde, stimmt's?"
Ich nickte.
„Also kann es bei der Aktion schon mal nötig sein, dass kräftig gebuddelt wird."
„Ihr wollt kräftig buddeln können!?" Das war nun wirklich der Gipfel der Frechheit. Hamster können buddeln. Und vielleicht noch die eine oder andere Nagerart. Aber Meerschweine? „Mit euren Pfoten", sagte ich so verachtungsvoll wie möglich, „könnt ihr doch höchstens in feuchter Einstreu wühlen."
„Freddy", sagte da Sir William. „Die beiden behaupten, dass sie graben können. Und bis zum Beweis des Gegenteils glauben wir ihnen das. Einverstanden?"
„Hm", machte ich.
„Und nun wäre ich dir sehr verbunden, bester Freddy, wenn du Master John mitteiltest, dass wir alle zusammen mitfahren."

6. Kapitel

Wir erreichten das Baugelände noch in der Helligkeit gegen halb sieben Uhr abends. Es lag in der Nähe eines Dorfes, grenzte an einen Wald und war hoffnungslos riesig.

„My goodness", seufzte Master John. „Wie sollen wir hier bloß die Hamster finden?"

„Ich wusste gar nicht", sagte Lisa bedrückt, „dass eine Autofabrik so viel Platz braucht."

Wir hielten uns am Waldrand versteckt, damit wir nicht von Wachleuten entdeckt wurden. Deshalb auch hatte Lisa das Auto entfernt vom Baugelände geparkt (auf dem Weg zu Fuß hierher hatte mich Master John, um Sir William zu schonen, in der Jackentasche transportiert, während er Enrico & Caruso auf seinen Schultern trug). Von irgendeinem Wachmann war allerdings weit und breit nichts zu sehen, wie Master John mit scharfem Auge feststellte.

„Dort hinten, das scheinen die Baumaschinen zu sein", sagte Lisa. „Da tut sich auch nichts."
„Hier an diesem Feld haben sie jedenfalls mit den Planierungsarbeiten schon angefangen."
Lisa hatte ihren Laptop bereits eingeschaltet, deshalb konnte ich eingeben: „Da ist ein Feld? Was für ein Feld?"
„Ein Kornfeld, offenbar erst kurzlich abgeerntet."
„Meister, das dürfte es sein. Hier fangen wir mit der Suche an."

Ich saß im Genick von Sir William und hatte mich in seinem Fell festgebissen. Hinter uns folgten Enrico & Caruso, erstaunlich flink zu Pfote, auch der dicke Caruso.
Wir hatten beschlossen, das Feld zuerst einmal diagonal zu überqueren. Vielleicht fanden wir ja dabei schon was. Von vornherein war ausgemacht, dass nur wir Tiere uns auf die Suche machen würden und Lisa und Master John sich auf dem Feld nicht blicken ließen. Wir hatten verabredet, dass wir uns in einer Stunde am Waldrand wieder treffen und das weitere Vorgehen besprechen wollten.
Master John hatte die Fläche des Kornfeldes (es war übrigens ein Weizenfeld) auf die Größe von etwa zwei Fußballfeldern geschätzt. Das war immer noch hübsch riesig, aber doch irgendwie endlich, und ich

war guten Mutes, dass wir die Vettern, falls sie überhaupt hier wohnten, finden würden.
„Wonach genau suchen wir, Bester?", fragte Sir William.
„Nach Löchern in der Erde", sagte ich. „Etwa so groß, dass Caruso bequem durchpasst." Das war das Suchziel für Sir William und Enrico & Caruso. Ich dagegen suchte mit der Nase. Zwar wusste ich nicht, wie meine Verwandten rochen. Aber ich war mir sicher: Sobald ich den Geruch auffing, würde ich wissen, dass er's war.
„Hey, dort drüben!", sagte Sir William plötzlich. „Da ist ein Loch."
Tatsächlich! Ich ließ mich von Sir William herabgleiten.
Es war der Röhrengang eines Hamsterbaues. Und zwar die Ausgangsröhre. Das sah man daran, dass sie schräg aus der Erde herausführte. Die Eingangsröhre hätte senkrecht nach unten geführt. Sie musste irgendwo in der Nähe sein.
Ich sog Luft durch die Nase: Das Geruchsbild war das gleiche wie bisher. Es war kein neuer Geruch dazugekommen.
Enrico & Caruso spähten in die Röhre. „Heh!", rief Enrico. „Ist jemand zu Hause?"
„Lasst das!", sagte ich. „Der Bau ist unbewohnt." Sir William senkte seinen Kopf und ich saß wieder auf.

„Ich rate euch dringend", ermahnte ich die zwei, „so was zu unterlassen. Wenn sich ein Feldhamster proviziert fühlt, kann das böse ausgehen. Für euch, meine ich. Diese Sorte Hamster beißt nämlich erbarmungslos zu. Also haltet bloß die Klappe."

Enrico & Caruso richteten sich stramm auf. „Jawoll, Herr Hamstergeneral!", schmetterten sie.

„Hört zu, Jungs", sagte ich mit Beherrschung. „Ich meine das ernst. Legt euch ja nicht mit einem von den Knaben an. Und versucht um Himmels Willen keine eurer Komikernummern. Meine Vettern verstehen unter Garantie keinen Spaß. – Anders als ich", fügte ich hinzu.

„Jawoll, Herr Spaßgeneral!"

„Okay, okay. Macht nur so weiter. Ich werdet schon sehen, was …"

„Freddy", unterbrach Sir William sanft. „Wir sollten weitersuchen."

Das nächste Loch, das wir fanden, war wieder eine Ausgangsröhre. Wieder checkte ich das Geruchsbild. Und dieses Mal hatte es sich verändert. Es war ein neuer Geruch hinzugekommen. Der war allerdings so schwach, dass seine Quelle alles Mögliche sein konnte. Die Alarmklingel, die ich zu hören erwartete, wenn ich auf meine Vettern stieß, schrillte jedenfalls nicht.

„Und nun?", fragte Sir William.

„Ich sollte vielleicht mal unten nachsehen", überlegte ich.
„Aber sei vorsichtig, mein Guter. Was du bisher über deine Vettern erzählt hast, klang nicht gerade ermutigend. Bist du überhaupt sicher, dass sie nicht auch dich angreifen werden?"
„Offen gestanden, Sir William – nein."
„Soll ich nicht lieber mitkommen?"
„Mal abgesehen davon, dass die Röhre für dich denn doch etwas zu eng ist – ich glaube kaum, dass es der Kontaktaufnahme sonderlich förderlich wäre, wenn ich in Begleitung eines Katers auftauchte."
Sir William schmunzelte.
„Heh!", rief da Enrico aus einiger Entfernung. „Wir haben noch ein Loch entdeckt!"
„Das ist die Eingangsröhre!", rief ich. „Geht nicht zu dicht ran!"
„Aber die führt ja senkrecht nach unten!", hörte ich Caruso.
„Eben!", rief ich. „Deswegen sagte ich, geht nicht …"
„Oh! Ups! Aaaahhhiii …"
„Caruso?", hörte ich Enrico. „Hey, wo bist du? … Caruso! … Oh! Ups! Aaaahhhiii …"
Stille.
Nach einer Weile sagte Sir William: „Ich glaube, mein Guter, die Frage, ob du unten nachsehen solltest, ist beantwortet."

Ich nickte. „Drück mir die Krallen. Und lass uns beten, dass dieser Bau unbewohnt ist."

Ich schob mich in die Ausgangsröhre – und war im Reich der Feldhamster.

Reich war natürlich übertrieben. Es handelte sich bloß um den Bau eines einzelnen Hamsters und noch dazu, so hoffte ich wenigstens für Enrico & Caruso, um einen unbewohnten. Aber ich war in eine fremde Welt eingetreten. Die schräg nach unten führende Röhre, der ich vorsichtig folgte, war unmäßig weit und geräumig. Nie hätte ich mir einen solchen Gang gegraben. Ich fühlte mich wie der Mensch aus dem Märchen, der plötzlich in das Reich eines Riesen versetzt wird. Und nicht nur der Raum, auch alles andere schien riesenhaft zu sein. Manche Wurzeln etwa oder – der Mehlwurm dort. Ich hielt an. Aber das war ja gar kein Mehlwurm. Das war ein Engerling! Junge, Junge, was für ein Kaventsmann! Und wie der duftete! Ob ich …? Nein. Erst musste ich Enrico & Caruso finden. Ich lief weiter.

Eine Weile hielt sich der Duft des Engerlings. Dann aber kam ein anderer Geruch dazu. Es war der, den ich draußen schon schwach aufgefangen hatte. Aber jetzt wurde er stärker, war plötzlich übermächtig, und da hielt ich an. Das war er. Das war der Geruch meiner Vettern. Und ich kann nicht sagen, dass er besonders aromatisch war.

Behutsam schlich ich weiter. Plötzlich hörte ich etwas. Und was ich hörte, ließ mich für Enrico & Caruso Schlimmes befürchten. Denn es war unzweifelhaft ein Fauchen.

Der Gang machte eine Biegung, vorsichtig lugte ich um die Ecke, und dort, wo sich die Röhre zur Höhle weitete – da stand er.

Es war ein Riese.

Ich meine, das muss man sich als Mensch mal vorstellen: Da steht plötzlich ein anderer Mensch und der ist dreimal so hoch wie man selber. So ging es mir als Goldhamster mit dem Feldhamster.

Er stand hoch aufgerichtet, hatte die Backen aufgeblasen und zeigte fauchend die Zähne. Aber – das war ja gar kein Er! Das war eine Sie! Das war kein Vetter. Sondern eine Base! Warum eigentlich hatte ich nie daran gedacht, dass zu Vettern auch Basen gehörten? Egal. Hier stand jedenfalls eine riesige Hamsterin und fauchte. Ihr Fauchen klang nicht böse. Es klang bitterböse.

Vor der Hamsterin, auf dem Boden der Höhle, lagen Enrico & Caruso. Sie lagen auf dem Rücken, hielten die Pfoten hoch, flehentlich, wie mir schien, und es war klar, dass auf der Stelle ein Wunder geschehen musste, wenn die beiden heil davonkommen sollten. Fieberhaft überlegte ich: Welches Wunder konnte ich auf der Stelle bewirken?

Plötzlich hörte ich außer dem Fauchen der Hamsterin ein anderes Geräusch. Es war ein Schluchzen. Das waren Enrico & Caruso. Ihr Schluchzen verstärkte sich – nein, es veränderte sich. Es wurde zum Glucksen – Enrico & Caruso glucksten vor unterdrücktem Lachen! Die zwei waren wahrhaftig drauf und dran loszulachen. Großer Hamstergott! Jetzt half auch kein Wunder mehr.
Da brachte Enrico unter Glucksen hervor: „Mit Verlaub, Euer Fürchterlichkeit. Ihr könnt die Luft wieder ablassen."
Darauf Caruso: „Wir sind bloß zwei Komiker auf der Durchreise."
„Ich würde sagen ..." Enrico stand kurz vor der Explosion. „... ich würde sagen: zwei Komiker auf dem Durchfall!"
Worauf sie mit kreischendem Lachen explodierten.
Ich wendete mich ab. Was nun kam, wollte ich nicht mit ansehen.
Aber – was war denn das?
In das kreischende Lachen der beiden mischte sich ein tiefer Laut. Und dieser Laut war unverkennbar ein stoßweises „Hö, hö, hö!". Die Hamsterin lachte. Sie lachte dröhnend und anhaltend, wobei sie sich den Bauch hielt vor Lachen.
„Auf dem Durchfall!", dröhnte sie. „Zwei Komiker auf dem ..." Und das Gelächter schüttelte sie.

Ich atmete auf. Einmal wegen Enrico & Caruso. Dann aber auch, weil unsere Mission weniger schwierig zu werden schien, als ich befürchtet hatte. Offenbar besaßen meine Vettern und Basen Sinn für Komik (zumindest für Komik von der Marke Scherzschweine). Also stand es wohl nicht gar so schlimm mit ihrer streitsüchtigen Querköpfigkeit. Erleichtert schob ich mich hinter der Biegung hervor.

Ich räume ein, dass mich in diesem Moment mein Hamster-Instinkt komplett im Stich gelassen haben musste. Oder ich war so entspannt, dass sich meine Alarmzentrale schlafen gelegt hatte.

Jedenfalls lief ich arglos auf die Hamsterin zu.

Und deren Instinkt funktionierte vorzüglich. Ein fremder Artgenosse im Bau! Da wird jeder Hamster, der nicht gerade tot oder bekloppt ist, die fürchterlichste Drohhaltung aufbauen.

Die Hamsterin stand hünenhaft über mir, die Backen prall wie Kürbisse, die Zähne messerscharf gebleckt, und fauchte mit Windstärke zwölf.

Weglaufen war nicht. Die Riesin hätte mich blitzschnell am Wickel gehabt und dann: Adieu Freddy!

Also jagte mich meine Alarmzentrale gleichfalls in die Drohhaltung. Ich fürchte nur, sie fiel vergleichsweise mickrig aus. Wenn aus der Drohung demnächst Ernst wurde, war leider abzusehen, wer den Kürzeren ziehen würde.

„Halt, Euer Schrecklichkeit, halt! Dieser Hamster ist nicht gefährlich!"

„Das ist doch bloß der Spaßgeneral Freddy!"

Eines war klar: Falls ich das hier überlebte, konnten zwei Meerschweine ihr Testament machen.

„Freddy?" Die Hamsterin hatte zu fauchen aufgehört. „Das ist ja ein lustiger Name." Sie ließ die Luft aus den Backentaschen. „Und Spaßgeneral?" Plötzlich lachte sie los. „Der kleine Spaßgeneral Freddy!", brüllte sie mit dröhnendem Lachen. „Das ist ja zum Brüllen!"

„Genau, Euer Lustigkeit. Ein kleiner, zum Brüllen komischer Hamster."

„Mit dem spaßhaften Namen Freddy."

Die zwei würden noch nicht mal mehr dazu kommen, ihr Testament zu machen.

Die Hamsterin beruhigte sich. Sie hörte auf zu lachen, hockte sich bequem hin und wirkte nun nicht mehr ganz so riesig. „Tag, Freddy", sagte sie, noch immer dröhnend, aber das war wohl ihre normale Lautstärke. „Ich bin Elvira. Und du lustiger Zwerghamster bist also der Anführer eurer Spaßmacher-Truppe?"

Zwerghamster! Ich muss sagen: Die erste Kontaktaufnahme mit den Feldhamstern verlief nicht gerade schmeichelhaft für mich.

Und die Rolle des Anführers einer Spaßmacher-Truppe musste ich so schnell wie möglich loswerden. Andernfalls konnte ich die Aktion „Rettet die Vettern" in den Kamin schreiben.

„Ahem", räusperte ich mich gewichtig. „Verehrte Base Elvira …"

„Donna Elvira!", sang Enrico. „Ich hab dich tanzen gesehn."

„Und dein Tanzen", sang Caruso, „hat mich toll gemacht!"

„Hö, hö, hö!", lachte Elvira. „Ihr seid mir ja zwei. Wie heißt ihr beiden eigentlich?"

Darauf antworteten Enrico & Caruso zuerst im Wechsel mit Verbeugungen und dann im Chor:

„Enrico ist der werte Name,
Caruso ist der meine.
Es stehen der verehrten Dame
zu Diensten wir zwei Schweine."

„Verehrte Dame! Hö, hö, hö!" Elvira war sichtlich geschmeichelt.

„Hör zu, Elvira", begann ich erneut. „Wir sind gekommen, weil …"

„Jungs, ihr gefallt mir", dröhnte Elvira. „Ihr gefallt mir sogar sehr."

Ich war abgemeldet, einfach weg vom Fenster. Na sauber. Statt die Rettungsaktion starten zu können, musste ich mit ansehen, wie sich ein albernes Meer-

schwein-Duo und eine dröhnende Hamsterin zum Trio zusammenfanden.
Jetzt sollte mir ziemlich fix was einfallen, womit ich dazwischengehen konnte.
Und da hatte ich auch schon eine Idee.
„Hilfe! Der Hamstermörder! Er ist vor meinem Bau! Hilfe!"

7. Kapitel

Elvira stand bis hoch zur Höhlendecke gereckt. Ihr Fell, viel länger als meines, war geradezu abenteuerlich gesträubt, und wieder bleckte sie ihre Messerzähne, dieses Mal allerdings vor Entsetzen.
Enrico & Caruso lagen in Meerschwein-Schreck-Haltung flach auf den Boden gedrückt und ließen die Gebisse klappern.
Doch plötzlich waren sie still.
Sie starrten mich an.
„Ist was, Jungs?"
„Caruso, ich fass es nicht. Hat Freddy den Schrei gemacht?"
„Er hat, Enrico. Und weißt du was? Ein bisschen bin ich enttäuscht."
„Ein bisschen megaenttäuscht, Caruso. Wer hätte gedacht, dass er zu einer so billigen und noch dazu einfallslosen Rache fähig wäre?"

Elvira hatte sich niedergehockt und blickte von einem zum anderen. „Was soll das heißen? Kann mir mal einer verraten, was das alles …"
„Das soll heißen", sagte ich schnell, ehe Enrico & Caruso sich äußern konnten, „dass der Schrei von mir kam."
Jetzt war es Elvira, die mich anstarrte. „Aber … aber … Das war doch der Schrei von Henner."
„Henner? Der Hamster, der heute Mittag ermordet wurde?"
Elvira nickte. „Aber – wie kannst du davon wissen?" Plötzlich richtete sie sich auf. „Wer seid ihr? Woher kommt ihr überhaupt?"
Gut gefragt, Elvira. Hätte man vielleicht gleich fragen sollen. Und nicht, wie zwei alberne Meerschweine heißen. „Wir kommen aus der Stadt", sagte ich. „Und wir wollen euch helfen."
„Aus der Stadt? Um uns zu helfen?" Elvira sah zu Enrico & Caruso.
„Das ist kein Komikerangebot", sagte ich mit Nachdruck. „Wir sind gekommen, um euch vor dem Hamstermörder zu retten."
„Vor dem Hamstermörder?" Elvira schüttelte den Kopf. „Vergiss es. Gegen den ist kein Kraut gewachsen. Da hilft bloß Beten."
Ihr „Da hilft bloß Beten" schien mir in diesem Moment nur so dahergesagt, wie man dergleichen eben

sagt. Dass dahinter jede Menge Ärger lauerte, sollte ich bald erfahren. Jetzt sagte ich: „Wir meinen, dass man schon was machen kann."

Wieder schüttelte Elvira den Kopf, dieses Mal sehr entschieden. „Der Hamstermörder ist ein riesiger Trecker, einer, wie wir noch keinen gesehen haben. Er lässt die Erde erbeben und gräbt so tief, dass es im Bau keine Sicherheit mehr gibt." Seit heute Morgen hätten schon zwei Hamster, erst der Jakob, dann die Fine, ihre Baue verloren. Die zwei seien mit knapper Not entkommen. Den armen Henner freilich, den habe der Trecker zerquetscht. „Da hilft nur Beten, dass der Hamstermörder wieder verschwindet."

„Nein", sagte ich etwas ungehalten. „Das hilft unter ziemlicher Garantie nicht. Das Baugelände ..." Ich hielt inne.

Mir war plötzlich klar geworden: Die Feldhamster wussten nichts von der geplanten Autofabrik – konnten davon nichts wissen. Sie kannten nur ihre Baue und ihr Feld. Was rund herum in der Welt geschah, davon hatten sie keine Ahnung. Sie sammelten Korn und was ihnen an Feldfrüchten noch so unterkam, füllten den Sommer über ihre Vorratskammern, hielten Winterschlaf – mir wurde klar: Diese Hamster lebten, wie einst meine Goldhamster-Vorfahren gelebt hatten.

Dass die Feldhamster, anders als vermutlich meine

Vorfahren, Trecker kannten, musste mich nicht wundern. Schließlich war das Weizenfeld alle Jahre mit Maschinen bestellt und abgeerntet worden.

„Beten hilft ja nicht immer", sagte ich nun zu Elvira und da nickte sie. „Mal angenommen, der Hamstermörder verschwindet nicht. Für diesen Fall sollten wir uns etwas anderes überlegen." Ich zögerte. „Und zwar mit euch allen gemeinsam."

„Hm", machte Elvira.

„Siehst du denn eine Möglichkeit, dass ihr euch versammelt? Ich weiß", setzte ich hastig hinzu, „ihr lebt streng getrennt voneinander." Wieder nickte Elvira. „Aber vielleicht könntet ihr trotzdem, ganz ausnahmsweise, mal zusammenkommen?"

Da sagte Elvira: „Machen wir."

„Was …?"

„Dass wir zusammenkommen. Und zwar …" Elvira überlegte kurz. „… in einer halben Stunde."

„In einer halben …?" Ich schnappte nach Luft. „Du meinst, da kommt ihr wirklich zusammen? Ich meine, wirklich alle?"

„Wirklich. Wir hätten uns heute sowieso versammelt. Denn heute …" Elvira machte eine Pause. „… denn heute ist eine Siebente Nacht."

Was sich hinter der Bezeichnung „Siebente Nacht" verbarg, hatte Elvira nicht verraten wollen. „Zu mühsam zu erzählen", sagte sie. „Ihr werdet's ja erleben."

„Können wir denn so ohne weiteres dabei sein?"

„So ohne weiteres nicht", gab Elvira zu. „Aber wenn ich das will, kann auch Fronso nichts dagegen machen."

„Fronso?"

„Unser Priester. Aber wart's ab. Ihr werdet es ja erleben."

Ein Priester? Ich muss sagen, mir wurde richtig unheimlich zumute.

Von solchen Gefühlen wurden Enrico & Caruso nicht geplagt. Die nutzten die knappe halbe Stunde, um die Dame Elvira restlos einzuwickeln. Einzelheiten zu berichten möchte ich mir hier ersparen.

Endlich sagte Elvira: „Na, dann wollen wir mal." Vorher hatte sie in einer ihrer Vorratskammern Korn und Erbsen in den Backentaschen verstaut. Als ich fragte, ob der Weg denn so weit sei, dass man Marschverpflegung brauche (mal ein kleiner Scherz von mir), da hatte sie nur ziemlich unwirsch gebrummt. Aber wozu nahm sie das Futter mit?

Elvira lief voraus zur Einstiegsröhre. Und dort zweigte ein Gang ab.

Was nun folgte, war ein tierisch anstrengender Pfotenmarsch. Ich meine, ich bin wirklich nicht der Schwächste (in meinem Käfig treibe ich regelmäßig

Sport), aber es gibt eben Wegstrecken, die sind für unsereinen schlichtweg zu weit. Nach einiger Zeit hatte ich mir regelrecht die Pfoten wund gelaufen. Darüber verlor ich kein Wort, schon um Enrico & Caruso, die hinter mir herliefen, keine Scherzvorlage zu geben. Doch schien die Gewalttour sich endlos zu dehnen.

Aber schließlich hielt Elvira an. Wir waren nicht weit von der Stelle, wo die lange Gangröhre endete. „Wartet hier", sagte sie. „Ich rede erst mal mit Fronso." Sie verschwand.

Vorsichtig schob ich mich ans Ende der Röhre, um zu sehen, wohin sie führte. Und was sich dort vor mir auftat, war – eine Kathedrale.

Es war eine Höhle, so hoch und so weit, wie ich sie mir nicht hatte vorstellen können. Generationen von Feldhamstern mussten daran gegraben haben.

Etwa ein Dutzend Hamster hatte sich versammelt. Sie hockten verteilt in der Höhle und jeder schien sorgfältig darauf bedacht zu sein, zwischen sich und seine Nachbarn mindestens zwei Pfotenlängen Abstand zu bringen. Aber alle hatten sich so gesetzt, dass sie zur selben Stelle sehen konnten.

Alle blickten zur Mitte der Höhle.

Und dort, auf einem runden Podest aus Erde, stand ein Topf.

Es war ein bauchiger Topf, offenbar aus Ton, mit

Henkeln an den Seiten und einem Deckel. Der Topf war über und über mit schmutzig-braunen Flecken bedeckt. Er musste, bevor er freigegraben worden war, lange Zeit in der Erde gelegen haben.
Und rund um den Topf, auf dem Podest, da waren Korn und Erbsen aufgehäufelt: Nicht nur Elvira, auch die anderen Hamster hatten Futter aus ihren Vorräten mitgebracht und vor dem Topf niedergelegt.
Ich entdeckte Elvira in der Nähe des Podestes. Sie redete auf einen Hamster ein, der ein ganzes Stück kleiner war als sie. Außerdem hatte er eine ziemliche Wampe.
Als Elvira zurückkam, sagte sie: „Fronso wollte erst nicht. Aber dann hat er eingesehen, dass er dich reden lassen muss. Wenn's so weit ist, stelle ich dich vor. Und du sagst, wie wir uns vor dem Hamstermörder retten können."
Ich nickte.
„Hört mal, Jungs", wendete sich Elvira an Enrico & Caruso, die mir ans Ende der Röhre gefolgt waren. „Ihr verzieht euch besser wieder in den Gang. Zu viele Fremde auf einmal könnten Fronso und die anderen nervös machen. Okay?"
„Okay." Folgsam trollten sich die beiden.
„Warum ist Fronso euer Priester?", fragte ich Elvira. „Ich meine: Warum gerade er?"
„Weil er in dem Bau geboren wurde, wo man vor lan-

ger Zeit das Gefäß der Hoffnung gefunden hat. Seit jeher kommen die Priester aus diesem Bau."

„Und das Futter dort am, äh, Gefäß der Hoffnung? Wozu ist das?"

„Das sind Opfergaben, um das Gefäß der Hoffnung günstig zu stimmen. Die meisten glauben, dass das Gefäß die Gaben verschluckt. Sonst würden die ja auch niemals was von ihren mühsam gesammelten Vorräten abgeben." Elvira sah mich an. „Natürlich ist es Fronso, der nachher das Futter für sich kassiert." Sie zuckte mit den Schultern. „Das geht in Ordnung – wenn man nicht zu viel darüber nachdenkt. Man kann sich einreden: Die Opfergaben sind Fronsos Lohn für die Speisung."

„Für die Speisung?"

„Für die Speisung mit Hoffnung. Aber jetzt sei still. Es geht los."

Die versammelten Hamster blickten nun nicht mehr zum Podest mit dem Topf, sondern zu einem zweiten, kleineren Podest. Und darauf hatte sich Fronso in Männchenhaltung postiert. Für einen Feldhamster war er wirklich ziemlich klein und über den Hinterkeulen hingen regelrechte Fettwülste.

„Liebe Hamster vom Felde!" Fronso ließ den Blick über die Versammlung gleiten. „Wie seit alters her", fuhr er mit einer öligen, zugleich durchdringenden Stimme fort, „seid ihr am Beginn der Siebenten

Nacht zusammengekommen, um euch mit Hoffnung speisen zu lassen. Mit der Hoffnung auf eine gute Ernte und auf gefüllte Vorratskammern. Heute indes tut neue Speise Not: Es ist die Hoffnung darauf, dass der Hamstermörder wieder verschwindet." Fronso hob die Pfoten. „Lasset uns bitten."
Die Hamster wendeten sich wieder der Mitte der Höhle zu. Alle sahen zum Topf auf dem Podest.
„Gefäß der Hoffnung!", tönte Fronso. „Zu dir sehen wir auf. Erhöre uns! In dir, o Gefäß dort oben, schlummern unsere Hoffnungen. Dein köstlicher Inhalt wird uns nicht enttäuschen."
Die Hamster wiederholten im Chor: „Dein köstlicher Inhalt wird uns nicht enttäuschen."
„So nehmet denn hin die Speise der Hoffnung!"
Alle sagten im Chor: „So nehmen wir hin die Speise der Hoffnung."
Darauf sangen sie gemeinsam:

>„Hoffnung, meine Zuversicht,
>Hoffnung, du enttäuschst mich nicht.
>Weh mir, wenn ich je vergäße
>süße Hoffnung im Gefäße."

Ich muss sagen: Es waren reichlich durchwachsene Gefühle, mit denen ich diese Speisung erlebte. Einerseits, ich gestehe es, wurde ich richtig sentimental.

Ich erinnerte mich daran, wie Urgroßmutter uns Junghamstern vom Gelobten Land Assyria erzählte hatte, von der Hoffnung der Goldhamster auf ihr Paradies. Ach ja.

Andererseits ärgerte ich mich darüber, wie diese Feldhamster dem fetten Fronso so gläubig lauschten. Und wie sie sehnsuchtsvoll, manche geradezu verzückt, den alten Topf anhimmelten. Selbst Elvira war wie weggetreten. Weiß der Bussard, woran diese Hamster dachten, wenn sie „süße Hoffnung im Gefäße" sangen. Die einen wohl wirklich an das viele gute Futter, das sie im Bauch des Topfes glaubten. Andere stellten sich vielleicht den Inhalt als eine Menge köstlicher Engerlinge vor.

„Liebe Hamster vom Felde! Seid gewiss: Das Gefäß der Hoffnung hat eure Bitte erhört. Der Hamstermörder wird verschwinden." Fronso breitete die Vorderpfoten aus. „So gehet hin mit süßer Hoffnung im Herzen." Er stieg von seinem Podest herab. Die Speisung am Beginn der Siebenten Nacht war beendet. Die Hamster wendeten sich den Ausgangsröhren zu.

Da war Elvira auch schon quer durch die Höhle gelaufen und stand nun auf dem Priesterpodest. „Hamster vom Felde!", dröhnte sie.

Alle hielten an und sahen zu ihr hin.

„Wir haben Besuch bekommen. Es ist ein Vetter aus der Stadt." Elvira winkte und ich kletterte zu ihr aufs

Podest. Unter den Hamstern erhob sich Gemurmel. Elvira dröhnte: „Das ist Freddy! Lasst euch von seiner geringen Größe nicht täuschen." Und noch dröhnender: „Freddy weiß, wie wir uns vor dem Hamstermörder retten können!"

Es war genau da, dass mein Blick auf Fronso fiel. Er stand aufgerichtet vor dem Topf, inmitten der Opfergaben, und blickte zu mir herüber.

Vor mir hockten die Feldhamster und sahen mich erwartungsvoll an. Ich räusperte mich. „Hamster vom Felde!", rief ich. „Vor dem Hamstermörder könnt ihr euch nur auf eine einzige Weise retten." Und nun erklärte ich, wozu eine Fabrik diente („Trecker müssen ja irgendwo hergestellt werden"), dann, was ein Auto war, und berichtete, dass die Menschen beschlossen hätten, hier auf dem Feld eine Fabrik für Autos zu bauen. „Und sie wissen, dass es euch gibt", sagte ich. „Aber die Fabrik wird trotzdem gebaut. Das heißt: Der Hamstermörder wird erst verschwinden, wenn ihr alle tot seid." Ich ließ den Blick über die Versammlung wandern. Die meisten schienen verstanden zu haben; manche nickten sogar. „Es gibt nur einen Weg zur Rettung!", rief ich. „Ihr müsst euer Feld verlassen. Ihr müsst euch eine neue Heimat suchen."

Die Hamster starrten mich an.

Und da kam laut:

„Der Zwerghamster lügt!"

8. Kapitel

Fronso stand hoch aufgerichtet zwischen den Opfergaben und hatte die Pfoten emporgereckt. Er rief: „Dieser Zwerghamster will euch einwickeln!"
Zwerghamster! Langsam aber sicher ging mir das auf den Keks.
„Der Hamstermörder wird verschwinden", rief Fronso. „Das ist gewiss. Denn das Gefäß der Hoffnung hat euch erhört. Warum also will dieser Zwerghamster, dass wir unser Feld verlassen?"
Ja, warum? Ich war echt gespannt auf seine Antwort.
Die Feldhamster waren es auch. Alle hatten sich Fronso zugewendet.
„Weil die Zwerghamster hinter eurem Futter her sind! Sie sind zu klein und zu faul, um selber zu sammeln. Sie wollen ungestört eure Vorratskammern plündern!"

Die Vorratskammern plündern …?! Mir blieb im wahren Sinne des Wortes die Spucke weg.
Alle Feldhamster wendeten sich nun wieder mir zu. Und ich kann nicht behaupten, dass sie mich besonders freundlich angesehen hätten. Jetzt musste mir auf der Stelle etwas einfallen, das sie wieder auf meine Seite zog.
„Hamster vom Felde!", rief ich. „Fronso ist es, der lügt! Er ist es, der eure Vorräte …"
„Wollt ihr euch von Zwerghamstern berauben lassen?", rief Fronso mit einer Stimme, die, wie ich leider feststellen musste, sehr viel durchdringender war als meine. „Seht ihn euch an, Hamster vom Felde! Dort steht er! Dort steht der Abgesandte der lügenhaften und raubgierigen Zwerghamster!"
Viele Feldhamster, die meisten sogar, hatten die Zähne gebleckt. Und dann – ich sah es mit ungläubigem Entsetzen – schoben sie sich in meine Richtung. Die Hamster rückten langsam, aber mit tödlicher Entschlossenheit gegen mich vor. Wo war Elvira? Neben mir auf dem Podest. Aber auch sie bleckte die Zähne. Es war klar, dass sie, wie die anderen, in mir einen raubgierigen Zwerghamster sah. Der Weg zur Ausgangsröhre – versperrt von mörderisch wütenden Hamstern. Elvira richtete sich auf, stand hoch über mir … Ich schloss die Augen.
Und da kam es.

Zuerst war es nur ein leises Zittern.
Dann aber wurde es zum Beben. Die Höhle bebte. Die riesige Höhle wurde so gerüttelt, dass sich Erdbrocken von der Decke lösten, dass ich den Halt verlor und vom Podest rutschte – da war der Ausgang, ich schoss in die Röhre und rannte los.
Aber das Rütteln ließ nicht nach, begleitete mich, ich rannte auf bebendem Grund, und da polterte es, ich zog den Kopf ein, rollte mich blitzschnell zusammen, wieder polterte es und dann ...
Stille.
Nach einer Zeit hob ich den Kopf.
Es war stockfinster. Und es roch nach frischer Erde. Vorsichtig schob ich mich vor. Und fast sofort ertasteten meine Schnauzhaare die Erdbrocken. Es war ein Wall aus Erdbrocken, der sich bis zur Decke der Gangröhre türmte.
Ich drehte mich um und tastete mich zurück. Schon nach ein paar Schritten stieß ich auch hier auf Erde. Die Röhre war vor mir und hinter mir zusammengestürzt. Ich war eingeschlossen.
Zu diesem Zeitpunkt beunruhigte mich das noch nicht sonderlich. Schließlich war man ein Goldhamster und verfügte über Pfoten, die sich prima zum Buddeln eignen.
Unverzüglich nahm ich den vor mir liegenden Erdbrocken in Angriff – und hörte sofort wieder auf. Ein

stechender Schmerz war durch meine Pfoten gezuckt. Richtig, sie waren ja wund gelaufen! Die ganze Zeit über hatte ich sie nicht gespürt, jetzt meldeten sie sich zurück. Aber ich musste hier raus. Und zwar ziemlich rasch. Denn bald würde die Luft knapp werden.

Mit zusammengebissenen Zähnen machte ich mich wieder an die Arbeit. Wie hatte uns Urgroßmutter gelehrt? „Wer gräbt ohne Blut, der gräbt nicht gut." Aber der Merkspruch einer eisernen Goldhamster-Lady war eines und die Wirklichkeit was anderes. Ich hielt erneut inne. Noch nicht einmal so sehr wegen der Schmerzen (obwohl die in der tiefsten Hamsterhölle nicht schlimmer sein konnten), sondern weil mir klar wurde: Wenn ich jetzt wie ein Wilder weiterbuddelte, dann würden meine Pfoten – Schmerzen hin, Schmerzen her – schlichtweg bald nicht mehr zu gebrauchen sein. Aber ich musste raus hier …

Was war das …?

Ein Scharren und Kratzen! Erst war es nur schwach zu hören, dann aber wurde es lauter, verstärkte sich und war schließlich dicht hinter dem Erdwall. Plötzlich schimmerte Licht, eine Öffnung hatte sich aufgetan, Pfoten schoben Erde beiseite, und da waren sie.

„Juhu!", rief Enrico. „Da ist er ja, der Zwergengeneral!"

„Enrico", sagte Caruso vorwurfsvoll. „Das ist kein Zwergengeneral. Das ist ein Dichtergeneral."
„Richtig", tat Enrico betroffen. „Wie konnte ich nur so taktlos in seinen Wunden wühlen."
„Apropos Wunden", gab sich Caruso mitfühlend. „Wie es aussieht, hat der Dichtergeneral pfotenmäßig eine blutige Schlacht geschlagen."
Da hatte ich doch tatsächlich einen Moment lang beim Anblick der beiden Freude empfunden. Der Moment hatte genauso lange gedauert, wie man brauchte, um „Juhu!" zu rufen.
„Hört zu, Jungs", sagte ich. „Ihr habt mich gerettet. Aber das …"
„War's nicht so", fragte Enrico, „dass wir alle etwas mitbringen sollten, das bei der Aktion gebraucht werden könnte?"
„So war's", bestätigte Caruso. „Doch mit seinen Pfoten als Mitbringsel hat der Herr Dichter ziemlich danebengegriffen."
Und sie deklamierten:

> „Zwei Dichterpfoten kannten nur
> den Druck der sanften Tastatur.
> Das klickerte sich leicht,
> das klackerte sich weich.
> So wurde ihnen zur Tortur
> der Druck der harten Erdnatur."

Worauf die zwei es wahrhaftig fertig brachten, angesichts eines Hamsters, der um ein Haar erstickt wäre, in kreischendes Gelächter auszubrechen.
Bebend vor unterdrückter Wut überlegte ich. Wie konnte ich diese geschmacklosen Scherzschweine hier und jetzt ...
„Freddy", sagte da Enrico. „Wir sollten uns aufs Wesentliche konzentrieren, nicht wahr?"
Ich starrte ihn an.
„Für irgendwelche privaten Reibereien", sagte Caruso, „ist jetzt wirklich keine Zeit. Wir müssen so schnell wie möglich nach oben."
Ich schnappte nach Luft. Mich plötzlich mit vernünftigen Argumenten zu piesacken! Irgendwann würde ich eine Weltraumreise antreten und die dunkle Macht aufspüren. Und wenn sie in Galaxis Nummer 999 saß.

Es war noch immer hell, als wir nach oben kamen. Dabei hatten wir geraume Zeit gebraucht, bis wir einen unbewohnten Bau gefunden hatten, dessen Ausgangsröhre wir benutzen konnten. Zum Glück war die Höhle mit dem Topf nicht eingestürzt. Wir hatten dort keinen der Feldhamster angetroffen, auch Fronso nicht. Das Podest rund um den Topf war leer geräumt.
Natürlich war die Stelle, an der wir nach oben auf das

Feld kamen, nicht diejenige, an der ich Sir William verlassen hatte. Es würde Zeit kosten, ihn zu finden. Und die Frist von einer Stunde, die wir mit Lisa und Master John vereinbart hatten, war so gut wie verstrichen.

Auf dem Feld empfing uns ein Geräusch, das ich mir nicht deuten konnte. Ein Brummen war das, untermischt mit Quietschen und Poltern. Caruso reckte sich. „Dort hinten fährt eine Maschine hin und her."

„Das ist eine Planierraupe", sagte da jemand.

„Sir William!", rief ich. „Wie kommst du denn hierher?"

„Zu Pfote, mein Bester", schmunzelte er. Und erklärte: „Ich habe die Gegend immer wieder abgesucht. Denn ich musste damit rechnen, dass ihr woanders erscheinen würdet als dort, wo ihr verschwunden seid."

Sir William berichtete, dass die Planierraupe quer über das Feld gekommen sei; er habe sich rechtzeitig in Sicherheit bringen können. Offenbar solle auf dem Baugelände auch nachts gearbeitet werden. Zwar bewege sich die Raupe derzeit noch in einiger Entfernung. „Trotzdem, mein Guter: Wir stehen unter einem gewissen Zeitdruck."

Mit weiten Sätzen jagte Sir William über das Feld. Ich saß in seinem Genick, hatte mich im Fell festgebissen und war mir gewiss, dass ich ihn exakt zu der Stelle am Waldrand lotste, wo Lisa und Master John warteten. Der Orientierungssinn von uns Goldhamstern ist legendär.

Enrico & Caruso waren wieder in die Welt der Feldhamster abgetaucht. Gegen sie hätten die Hamster ja nichts, war ihre knappe Begründung gewesen. Was die beiden dort unten trotz Einsturzgefahr suchten, war klar: Sie hofften auf Publikum. Wenn sich genügend Zuschauer fänden, würden diese eitlen Meerschweine sogar den Weltuntergang für eine Show nutzen.

Die Stelle am Waldrand trafen wir auf den Zentimeter genau.

„Weißt du das bestimmt, bester Freddy? Ich kann nämlich Master John und Miss Potempe nirgendwo entdecken."

Das konnte ich ebenfalls nicht. Aber die Merkzeichen, ein Haselnussstrauch und ein Ahornbaum, stimmten exakt mit den gespeicherten Bildern überein. Und auch die Geruchsbilder deckten sich. Es gab nur eine Möglichkeit.

„Sie sind nicht mehr da", sagte ich.

„Meinst du?" Sir William wiegte den Kopf. „Das wäre allerdings fatal." Plötzlich hob er den Kopf. „Da kommt jemand!" Er stellte die Ohren auf. Jetzt hörte ich es auch. Es waren Schritte. Schritte von Menschenfüßen in Stiefeln. Aber auch von Pfoten. Von Hundepfoten.

„Gut festbeißen, Freddy!", zischte Sir William. Und schon jagte er den Ahornstamm hoch. In einer Astgabel, gedeckt gegen Sicht von unten, ließ er sich nieder. „Da kommen sie", flüsterte er.

Es war ein junger Mann in einer Art Uniform, Grundfarbe schwarz, aber sympathisch aufgelockert durch ein buntes Halstuch und einen hellen Gürtel. Der Hund, den er an der Leine führte, wirkte weniger sympathisch. Es war ein riesiger Rottweiler von der scharfen Sorte. Wir konnten uns gratulieren, dass wir hier oben außer Reichweite saßen.

Die beiden zogen unter uns vorbei, waren im Begriff, sich zu entfernen, doch da blieb der junge Mann stehen. Er kehrte um. Und ließ sich am Ahornstamm nieder. „Abendbrotpause", sagte er und holte ein Päckchen aus der Tasche.

Wie lange dauerte eine Abendbrotpause? Die Zeit wurde knapp.

Der Hund hatte sich neben dem jungen Mann niedergelassen. Sir William flüsterte plötzlich: „Das ist ja eine Hündin!"

Ich wollte mich gerade erkundigen, was diese Entdeckung an unserer Lage ändere, als von unten auf Interanimal kam: „Hört mal, ihr da oben. Ich habe euch längst gerochen."

„Ach ja?", machte Sir William. „Und was, bitte, hast du gerochen?"

„Du bist ein Kater", sagte die Hündin, „und der andere ist ein Nager. Einer von der kleinen Sorte. So in Richtung Zwerghamster."

„Verdammt!", entfuhr es mir. „Ich bin ein Goldhamster!"

„Sag ich ja. Aber darf ich mich vorstellen? Gera Gräfin von Geroldstein."

„Ich bin entzückt, Gräfin." Sir William war in seinem Element. „Sir William in Begleitung von Freddy." Er zögerte. „Vielleicht, Gräfin, wundert es dich, dass ein Kater gemeinsam mit einem Hamster …"

„Aber nein, Sir William. Mir ist nichts Tierisches fremd. Ich war nämlich beim Zoll."

„Aha?"

„Ja. Ich hatte tierische Reiseandenken zu erschnüffeln. Man macht sich ja keinen Begriff, was die Leute alles ins Land schmuggeln wollen. Von der Abgottschlange bis zum Zitterrochen."

„Das ist in der Tat hochinteressant, Gräfin."

Reizend. Uns lief die Zeit davon, und Seine Lordschaft machte Konversation mit einer Gräfin. „Sir William", flüsterte ich. „Wir müssen los, Lisa und Master John suchen."

„Richtig, Bester." Sir William sagte nach unten: „Gräfin, mein Begleiter macht mich darauf aufmerksam, dass wir ein wenig unter Zeitdruck stehen. Darf ich etwas abrupt das Thema wechseln und fragen: Hast du möglicherweise hier in der Nähe zwei Menschen bemerkt?"

„Eine Dame mit rotem Haar und ein Herr mit großer Nase?"

„Exakt diese."

„Nun, die hat mein Herrchen pflichtgemäß von hier entfernt. Höflich, wie das seine Art ist, aber entschieden."

„Hm", machte Sir William. Dann sagte er: „Gräfin, dürfte ich dich um einen Gefallen bitten? Würdest du bitte dein Herrchen von hier entfernen? Höflich, aber entschieden?"

„Ist mir ein Vergnügen", sagte die Gräfin. Sie erhob sich und fing an zu bellen. Zugleich zerrte sie an der Leine. Der junge Mann schreckte hoch. „Ruhig, Gera." Aber die Gräfin ließ nicht locker, und der junge Mann stand auf. „Gut, sehen wir mal nach." Die beiden entfernten sich.

Sir William kletterte nach unten. „Freddy, mein Guter. Es dürfte wenig sinnvoll sein, nun nach Miss Potempe und Master John zu suchen."

Da hatte er Recht. Es kam nur eines in Betracht. „Ich will versuchen, die Hamster doch noch zu überzeugen." Anfangen wollte ich mit Elvira. Bei ihr hoffte ich, Erfolg zu haben. Dann würde man weitersehen. Ich gab die Richtung zu Elviras Bau an und Sir William preschte los.

Er machte genau fünf Sätze – und da passierte es.

Dumpf polternd fielen wir nach unten, etwas schnarrte unangenehm mechanisch und dann war Dunkelheit.

Stille.

„Sir William", sagte ich. „Denkst du, was ich denke?"

„Ich weiß nicht, was du denkst, Bester. Aber ich denke: Wir sitzen in einer Falle."

9. Kapitel

Wir saßen in einem Kasten aus Stahlblech, der offenbar in die Erde eingelassen war und der oben eine doppelseitige Klappe hatte. Die war mit einem Schnappmechanismus fest verriegelt – es gab keine Chance zu entkommen. Da hatte sich jemand ein höchst wirksames Fanggerät ausgedacht.
„Aber wer denn, um Katzengotteswillen?!" Sir William war richtig aufgebracht. „Und warum?"
Dazu fiel mir im Moment auch nichts ein. Was ich im Nachhinein nicht ganz verstehe. Vermutlich aber war die Aufregung schuld – man ist schließlich auch nur ein Hamster. Jetzt sagte ich: „Uns bleibt bloß eines, Sir William: Wenn die Klappe geöffnet wird, schießt du wie ein schwarzer Blitz raus und ab geht die wilde Jagd."
„Ein höchst bildhafter Plan, mein Guter. Hoffen wir, dass er auch funktioniert." Besorgt setzte er hinzu:

„Aber wenn wir hier länger sitzen müssen, sehe ich schwarz für die Rettung deiner Basen und Vettern."
Doch schienen wir das sprichwörtliche Glück im Unglück zu haben: Schon nach etwa zehn Minuten hörten wir Schritte. Zwei Menschen kamen heran, leise und vorsichtig.
Dann sagte jemand halblaut: „Hey, Mario! Die hier ist zugeschnappt! Da sitzt einer drin."
„Verdammt, du sollst doch keine Klarnamen benutzen!"
„Ja, okay. Äh, wie war das noch gleich?"
„Jetzt merk dir das endlich mal. Ich bin Kornwolf zwei. Und du bist nicht Frank, sondern Kornwolf drei. Kapiert?"
Richtig! Es gab ja auch noch „Die Kornwölfe"! Na super. Gefangen in einer Falle von Tierschützern.
„Hier hört uns doch eh kein Schwein", sagte Frank. „Komm, heb mal mit an." Die Falle wurde hochgehoben. „Mann, ganz schön schwer. Hab gar nicht gewusst, dass Feldhamster so stramme Burschen sind. Wollen wir mal nachsehen?"
„Und wenn er uns abhaut? Nee, wir bringen die Falle auf das andere Feld und lassen ihn dort laufen."
„Hey, hat Jenny nicht gesagt, dass die Burschen vorher markiert werden sollen?"
„Jenny ist Kornwolf eins! Himmeldonnerwetter, Frank! Äh, Kornwolf drei."

„Okay, okay, Kornwolf zwei, äh, Mario. Also? Was machen wir?"

„Wir fahren zu Kornwolf eins und fragen sie."

Jetzt wurde es Zeit für uns. „Sir William", sagte ich. „Ich glaube, wir sollten uns bemerkbar machen."

„Und du meinst, Bester, sie lassen uns dann einfach so …"

„Mist!", stieß da Mario hervor. „Dort kommen Bauarbeiter! Los, Frank, weg! Zum Auto!"

Die beiden rannten los, zwischen sich die Falle, es ging über Stock und Stein, wir wurden in einer Weise hin- und hergeworfen, dass uns buchstäblich Hören und Sehen verging, und vor allem: So laut Sir William auch miaute – die zwei Kornwölfe hörten ihn nicht.

Sie rannten zu ihrem Auto, als wären mindestens zehn Rottweiler vom Kaliber der Gräfin hinter ihnen her, der Kofferraumdeckel schlug zu und los ging die Fahrt.

Wenn mich mein Orientierungssinn nicht täuschte, fuhren wir in die Stadt. Das Auto der Kornwölfe schien ziemlich alt zu sein; es lärmte und klapperte, dass es eine Art hatte. Für Sir William war, besonders nach der wilden Jagd, die Fahrt wieder eine arge Prüfung.

„Freddy, mein Guter", ächzte er. „Ich kann für nichts garantieren. Bring dich bitte aus der Schusslinie."

Doch er hielt durch, und als wir am Ende der Fahrt in

unserem Kasten durch die frische Luft getragen wurden, erholte er sich rasch. „Freddy", sagte er. „Ich kann mir zwar überhaupt nicht vorstellen, wie es weitergehen soll. Aber ich würde sagen: Plan ‚Schwarzer Blitz' hat sich erledigt." Dem konnte ich nur zustimmen. Zurück zum Baugelände würden wir es nie schaffen. Oder doch erst, wenn es längst zu spät wäre.

Die beiden Kornwölfe trugen uns eine Treppe hoch, dann ging eine Tür und unser Kasten wurde abgesetzt.

„Wir sind wieder da, Kornwolf eins!"

„Lass den Quatsch mit den Decknamen, Mario. Wenigstens hier in der Wohnung." Eine anziehende Stimme. Energisch, klar und zugleich weich. Als Jenny herankam, wehte ein aparter Duft nach Rosmarin in den Kasten. „Warum habt ihr die Falle hergebracht? Was ist da drin?"

„Wir haben nicht nachgesehen", sagte Frank.

„Na, was wird wohl drin sein?", fragte Mario verschnupft. „Ein Hamster natürlich."

„Schon mal was davon gehört, dass die Natur ziemlich vielfältig ist? Dass es außer Hamster auch noch, und zwar mehrheitlich, Kaninchen, Wiesel und so weiter gibt? Die Wahrscheinlichkeit, dass da ein Hamster drin ist, würde ich eher gering einschätzen. – Okay. Macht auf."

Es machte „Schnapp" und der Deckel wurde aufgeklappt.
Da saßen wir. Ein riesiger schwarzer Kater und ein eher mäßig großer Goldhamster. Ich meine, das musste man mal mit den Augen von Menschen sehen, die ein solches Paar zum ersten Mal erblickten.
„Ich glaub, mein Hamster bohnert", sagte Frank andächtig.
Darauf standen die drei erst einmal stumm und schauten.
„Immerhin", ließ sich nach einer Weile Mario vernehmen, „eine Hamster-Wahrscheinlichkeit von fünfzig Prozent."
„Nur ist es nicht gerade die Sorte Hamster, die wir erwartet haben", sagte Jenny. Sie hatte kurzes, dunkles Haar und roch – ich glaube, ich erwähnte es schon – höchst apart nach Rosmarin. Sie musterte uns aufmerksam. „Ein Kater und ein Goldhamster, draußen auf dem Baugelände ... Hm."
„Also, das haut mich um", sagte Mario. „Normal hätte der Kater den Hamster doch fressen müssen."
Tja, mein Guter. Wie Jenny schon bemerkte, ist die Natur ziemlich vielfältig.
„Auf alle Fälle", sagte Frank zufrieden, „hat mein Schnappschloss funktioniert. Übrigens, Jenny: Wie's aussieht, ist die Planierraupe auch nachts zu Gange."

„Oje, jetzt wird's eng." Jenny dachte nach. „Okay. Ich würde sagen, ihr stellt die Falle wieder auf. Die beiden bleiben hier; dort draußen ist es zu gefährlich für sie. Aber seht euch mal ein bisschen um. Die zwei sind nicht zufällig auf dem Hamsterfeld gewesen. Die gehören zu irgendwelchen Leuten. Und seid vorsichtig."
„Das musst du mir nicht sagen, Kornwolf eins. Mir nicht. Komm, Kornwolf drei."

Wir saßen auf einer Decke, die Jenny für uns auf dem Fußboden in der Nähe der Couch ausgebreitet hatte, waren mit Futter versorgt (ich mit Körnern und einigen Apfelstückchen, Sir William mit Fleisch aus der Dose) und Jenny hatte von irgendwoher für Sir William sogar ein Katzenklo aufgetrieben. Das der allerdings, zurzeit wenigstens noch, vornehm übersah.
„Wenn ich bloß wüsste, was mit euch beiden los ist." Nachdenklich blickte Jenny zu uns herunter. Sie hatte es sich auf der Couch mit einem Buch bequem gemacht. „Und was fange ich mit euch an? Ich kann euch doch nicht einfach behalten." Sie seufzte und widmete sich wieder ihrem Buch. Es trug den Titel „Lehrbuch der Zoologie".
Bevor Mario und Frank sich auf den Weg gemacht hatten, war ihnen noch eingefallen, weshalb sie mit der Falle überhaupt hergekommen waren. Ob die

Feldhamster markiert werden sollten? „Nein", hatte Jenny nach kurzem Nachdenken entschieden. „Wir lassen es. Das Anfassen und Festhalten würde ihnen zu viel Stress machen." Vermutlich gab es in ihrem Buch ein Kapitel über Hamster-Psychologie.

„Was meinst du, Freddy", sagte Sir William nun. „Werden diese Kornwölfe ... Wieso eigentlich Kornwölfe?"

„Eine interessante Frage, Sir William. Aber ich kann sie nicht beantworten."

„Schade. Also, was meinst du: Werden diese Kornwölfe mit ihren Bemühungen Erfolg haben?"

„Nein", sagte ich entschieden. „Kein Hamster, der seinen Verstand und seine Instinkte beieinander hat, kommt raus auf ein Feld, wo eine Planierraupe rumfährt. Die Einzigen, die den Kornwölfen in die Falle gegangen sind, werden wir sein."

„Es hängt also nach wie vor an uns. Was ist zu tun?" Sir William dachte nach. Was zu tun war, wusste ich schon. Aber ich schwieg. Es war mir lieber, wenn der Vorschlag von Sir William kam. Dann konnte ich mich später gegenüber Master John auf ihn berufen.

„Freddy, uns bleibt nur eins: Du musst Kontakt mit den Kornwölfen aufnehmen."

Prima. Jetzt musste ich mir von Sir William nur noch meine Bedenken ausräumen lassen. „Aber ich habe Master John hoch und heilig versprochen, niemandem zu verraten, dass ich lesen und schreiben kann."

„Hm", machte Sir William. „In der Tat ... Indessen ..." Er straffte sich. „Freddy. Wir sind in einer Notlage. Du musst dich offenbaren. Und zwar, würde ich sagen, nur gegenüber Jenny."

Exakt zu dieser Entscheidung war ich auch gekommen.

„Bloß, mein Guter", fuhr Sir William fort, „gibt es dabei ein kleines Problem." Er blickte sich um. „Ich kann hier nirgendwo einen Computer entdecken."

Auch ich hatte keinen ausmachen können. Aber gehofft, es läge an meinen nicht so berauschend scharfen Augen (der Tag rückt immer näher, an dem ich mir eine Brille anpassen lasse). „Sir William", sagte ich. „Jenny studiert offenbar Biologie oder so was. Das geht nicht ohne Computer. Es muss hier in der Wohnung einen geben. Kannst du nicht mal nachsehen?"

„Kein Problem, Bester." Sir William stand auf. Er schlenderte in Richtung offene Zimmertür, wobei er sich betont unauffällig gab.

Mit der Unauffälligkeit ist es indessen bei einem riesigen schwarzen Kater nicht so weit her. Jenny hob den Kopf. „Hey, Kater!", rief sie. „Wohin des Weges?" Sie sprang auf und schloss die Tür. „Bist du blind? Dein Klo ist hier."

„Wie kann man nur so unhöflich direkt sein." Sir William schüttelte den Kopf. Dann fragte er: „Und nun, Bester?"

Ich hob die Achseln. „Ich komme mir ja selber dämlich vor, wenn ich das sage. Aber jetzt kann uns wieder mal nur ein Wunder helfen."

Das ließ auf sich warten. Stattdessen kamen Mario und Frank zurück. „Kein einziger Hamster in den Fallen", berichteten sie.

Jenny nickte nur. Offenbar wusste sie, wie aussichtslos das Unternehmen der Kornwölfe geworden war.

„Irgendwelche Leute haben wir auch nicht gesehen", sagte Frank. „Bloß ein paar Bauarbeiter."

„Aber die haben uns nicht gesehen." Mario zögerte. Dann sagte er: „Also, Jenny, wir sollten darüber noch mal diskutieren. Wenn die jetzt auch nachts arbeiten, also, ich meine: Wir müssen die Bauarbeiten sabotieren."

„Na klar doch. Wir jagen die Planierraupe in die Luft. Und dann können wir in aller Ruhe die Hamster an den Pfoten nehmen und zum anderen Feld geleiten."

„Von In-die-Luft-jagen redet ja keiner", sagte Mario. „Aber Zucker in den Tank der Planierraupe – das würde uns Zeit verschaffen."

„Ja. Und eine neue Planierraupe. Und mindestens

fünf Wachleute mehr." Aufgebracht fuhr sich Jenny durchs Haar. „Das ist doch alles Quatsch. Schon der Brief an die Nachrichtenagentur war Quatsch. Der ist der Grund, warum das Baugelände jetzt überhaupt bewacht wird. Ich könnte mich schwarz ärgern, dass ich da mitgemacht habe."
„Auf die sanfte Tour retten wir die Hamster nie."
„Ich bin der Meinung von Jenny", sagte Frank.
„Na sicher." Mario nickte. „Du hast ja keine eigene. Du Schnappschloss-Bastler."
„Heh! Komm mir nicht so! Du mit deiner Indianerspielerei."
„Halt, halt." Jenny war aufgestanden. „Wenn wir anfangen, uns in die Wolle zu kriegen, können wir gleich alles vergessen." Sie lächelte. „Hört mal. Wie wär's mit einem Spielchen? Eine Runde, okay?"
„Ja, schön. Haben wir lange nicht gemacht", sagte Frank.
„Von mir aus", stimmte auch Mario zu.
Jenny holte eine Schachtel und die drei ließen sich auf dem Flickenteppich nieder. „Regeln wie immer", sagte sie. „Keine Wörter aus anderen Sprachen, keine Eigennamen." Die beiden anderen nickten. Und dann begannen sie zu spielen.
Zuerst achtete ich nicht darauf, was die drei taten. Jenny wollte eine versöhnliche Atmosphäre schaffen, na gut. Dann aber hörte ich Sätze wie „Das sind fünf

Buchstaben", drangen Ausdrücke in mein Bewusstsein wie „doppelter Wortwert", und ich wurde aufmerksam. Nach einer Weile war klar: Die drei spielten ein Spiel, bei dem es darauf ankam, mit Buchstaben Worte zu legen. Und ich sah: Die Buchstaben waren auf kleine, leichte Holzplättchen gedruckt. Holzplättchen, die ich ohne Mühe würde verschieben können: Die drei hatten zwischen sich ein Schreibgerät liegen. Und zwar eines, das für Hamsterpfoten wie geschaffen war.
Ich konnte mit Jenny Kontakt aufnehmen.
Mit Jenny, bei der mein Geheimnis sehr wahrscheinlich gut aufgehoben sein würde. Gleichzeitig aber erführen es Mario und Frank. Nichts gegen die zwei. Sympathische Kerle, zweifellos. Aber konnte ich den beiden ein Geheimnis anvertrauen? Eines, das unverbrüchlich bewahrt werden musste? Ein ernstes Geheimnis, das nichts mit Indianerspielen und Schnappschloss-Basteln zu tun hatte?
Ich konnte es ihnen nicht anvertrauen.
Wenn ich mich jetzt offenbarte, würde ich nicht nur mich in Gefahr bringen. Sondern auch andere. Zum Beispiel Sofie.
Ich musste schweigen.
Gerade als ich mich abwendete, kam:
„Hilfe! Der Hamstermörder! Hilfe!"

10. Kapitel

Es war mit diesem Schrei wie mit den anderen vorher. Ich war in die Entsetzenshaltung hochgerissen worden, mein Fell hatte sich gesträubt und ich bleckte die Zähne.
Aber etwas war bei diesem Schrei neu und ganz anders.
Er war nicht mehr aus dem Unbekannten gekommen. Sondern aus einer Welt, die ich kannte. Er rührte von einem der Feldhamster her, die ich in der Höhle versammelt gesehen hatte. Von Jakob etwa, oder Fine. Ich hatte auch hören können, dass er nicht von Elvira stammte.
Und er sagte mir: Du darfst nicht schweigen.
Neben mir hatte sich Sir William aufgerichtet. „Ich kann nicht behaupten, Bester, dass ich mich an diese Schreie gewöhnte." Er blickte zu den Kornwölfen, die in ihr Spiel vertieft waren, und seufzte. „Manchmal

wünschte ich, so harthörig zu sein wie die Menschen."
Er sah schärfer hin. „Was treiben die denn da?"
„Sie spielen", sagte ich. „Aber gleich wird aus dem Spiel Ernst werden. Und zwar buchstäblich."
Unauffällig flach auf den Boden gedrückt, damit sie mich nicht vor der Zeit abfingen, huschte ich zu den dreien hinüber. Hinter Jennys Füßen hielt ich an und peilte aus der Deckung heraus die Lage. Auf dem Spielbrett lagen kreuzweise miteinander verschränkt mindestens zwanzig Worte. Und es waren alle diejenigen Buchstaben da, die ich brauchte! Mario blickte grübelnd auf das Gelegte. Er war gerade dran. Okay, Freddy, los geht's.
Ich schoss auf das Spielbrett. Und im Nu hatte ich FREDDY zusammengeschoben (mit siebzehn Punkten übrigens gar nicht so übel).
„Hey, ich bin dran!", sagte Mario. „Außerdem gelten Eigennamen nicht. Spielregeln sind dazu da, dass sie …" Er verstummte und starrte auf mich herunter.
Auch Jenny und Frank starrten.
Jetzt legte ich (wobei ich leider diverse Spielregeln verletzen musste): SO HEISSE ICH.
Stille.
Nach einer Weile kam von Frank: „Ich werd verrückt. Ein Hamster, der scrabbeln kann."
„Nein", sagte Mario mit Nachdruck. „Ein Hamster, der schreiben kann."

„Ein Hamster, der ..." Jenny hielt inne. Ihre Augen weiteten sich. „Sag mal, du, äh, Freddy – kannst du uns etwa verstehen?"
Um die folgenden Antworten bilden zu können, kippte ich den Plastikbeutel mit dem Buchstabenvorrat aus. Dann legte ich: SO IST ES JENNY. Und weiter: ICH KANN EUCH VERSTEHEN UND ICH KANN LESEN UND SCHREIBEN. Die Plättchen für diesen langen Text zusammenzuschieben, dauerte natürlich. Aber damit wollte ich erstens jeden Zweifel an meiner Fähigkeit im Keim ersticken und zweitens den Kids Zeit geben sich zu gewöhnen.
Die drei schauten.
„Tja", sagte Jenny nach einiger Zeit. „Ich glaube, mein Zoologiebuch kann ich wegschmeißen."

Eine Viertelstunde später hatte ich den Kornwölfen die Lage erklärt. Das war deshalb so fix gegangen, weil ich Jennys Computer benutzen konnte (den es natürlich im Nebenzimmer gab) und weil ich mich auf das Sachliche beschränkte (Frank etwa, der unbedingt im Einzelnen wissen wollte, wie ich lesen und schreiben gelernt hatte, vertröstete ich auf später). Auch berichtete ich nur das Notwendige und verkürzte es (beispielsweise ließ ich die Hilfeschreie auf Interanimal weg. Es war einfacher zu sagen, von den Feldhamstern hätten wir über die Agenturmeldung erfahren). Abschließend ließ ich auf dem Monitor erscheinen: „Jedenfalls müssen die Hamster so schnell wie möglich auf ein anderes Feld gebracht werden."

„Genau das hätten wir ja getan", sagte Jenny, „wenn sie in unsere Fallen gegangen wären."

„Entschuldige", gab ich ein. „Es hätte auch dann nicht funktioniert."

„Wieso denn nicht?", fragte Mario.

„Weil sich Hamster nicht einzeln verpflanzen lassen."

„Aber sie sind doch Einzelgänger, oder nicht?"

„Sind sie", gab ich ein. „Jeder lebt in seinem Bau für sich und will von den anderen nichts wissen. Tatsächlich aber kennt jeder jeden, ziemlich genau sogar. Das müssen die Hamster schon deshalb, damit sie sich auf dem Feld nicht ins Gehege kommen. Ein Feldhamster lebt für sich, aber in einer Gemeinschaft. Und wenn man ihn aus der plötzlich rausreißt, ist er so verstört, dass er krank wird – mindestens."

„Das heißt", sagte Jenny, „man kann nur die ganze Kolonie zusammen umsiedeln? Und es müssen alle Hamster einverstanden sein?"

„Richtig. Und genau das sollten wir anstreben."

„Aber das schaffen wir nicht in einer Nacht. Und schon gar nicht, wenn da Baumaschinen rumfahren."

„Meine Rede!" Mario stach mit dem Zeigefinger in Richtung Jenny. „Wir müssen Zeit gewinnen! Den Bau stilllegen! Die Maschinen kaputtmachen!"

„Mario", sagte Jenny sanft. „Würdest du uns bitte mit diesem Quatsch verschonen? – Ja!?"

„Von mir aus." Mario verschränkte die Arme vor der Brust. „Jetzt bin ich aber mal gespannt, was euch dazu einfällt."

Frank hob den Finger: „Ich glaube, ich weiß was. Der Regierungspräsident müsste die Bauarbeiten so lange verbieten, bis die Hamster weg sind."

„Und wie willst du den Mann dazu bringen?" Jenny schüttelte den Kopf. „Das können wir vergessen."

„Nee, nee, lass mal", sagte da Mario. „Franks Vorschlag ist gar nicht so dumm. Der Regierungspräsident muss die Baugenehmigung für, sagen wir, eine Woche zurückziehen. Und wie kriegen wir ihn dazu?" Mario sah triumphierend in die Runde. „Wir kidnappen ihn! Und er kommt erst wieder frei, wenn er getan hat, was wir wollen. Na? Ist das was?"

„Mario", seufzte Jenny. „Für einen kurzen Moment dachte ich wahrhaftig, du hättest einen vernünftigen Vorschlag."

„Okay, okay. Ich sag überhaupt nichts mehr", sagte Mario. Doch dann sagte er noch: „Jedenfalls, die Baugenehmigung freiwillig zurückzuziehen, das fällt dem Mann nicht mal im Traum ein."

Und da hatte ich eine Idee.
Es war eine schlichtweg geniale Idee.
Ich weiß. Auch auf geniale Einfälle kommt man nicht von allein. Irgendetwas geschieht oder irgendjemand sagt etwas und daraus entspringt dann eine geniale Idee. Aber ein klein wenig stolz bin ich schon auf meinen Einfall.
„Ich weiß, was wir machen können", gab ich ein. Und dann ließ ich auf dem Monitor meine Idee erscheinen, jetzt schon zu einer Art Plan ausgearbeitet.
„Klasse!", sagte Mario.
„Könnte funktionieren", nickte Frank.
„Vorausgesetzt, die Hamster machen mit", meinte Jenny.
Genau das war der wunde Punkt meines Planes. Offen gestanden: Die Chancen, meine Basen und Vettern dazu zu bewegen, bei „Plan Präsident" mitzumachen, standen eher schlecht.

„Lisa Potempe? – Hier ist Jenny, von den Kornwölfen. – Richtig, ich bin das, wenigstens einer davon. Ähm, Lisa. Ich soll Ihnen einen schönen Gruß ausrichten. – Ja. Und zwar von Freddy!" Der entzückte Aufschrei von Lisa war im ganzen Zimmer zu hören.
Nachdem wir meinen Plan beschlossen hatten, war dies das Erste gewesen: Ich hatte die Nummer von Lisas Handy auf dem Monitor erscheinen lassen (die

ich natürlich im Kopf habe. Hat jemand was anderes erwartet?) und Jenny hatte sie gewählt. Jetzt erzählte sie Lisa, was wir planten, und vereinbarte mit ihr einen Treffpunkt in der Nähe des Baugeländes. Dann legte sie den Hörer auf. Sie sah etwas verwirrt drein.
„Ich soll dich grüßen", sagte sie zu mir. „Aber auch einen gewissen Sir William."
Ich deutete auf Sir William, der sich zu seiner ganzen Größe aufrichtete.
„Oh", sagte Jenny. „Du bist Sir William? Ich hoffe, äh, ich war nicht unhöflich zu dir."
Sir William miaute verbindlich und meinte dann auf Interanimal zu mir: „Also, bestrickend höflich war sie ja nun nicht gerade. Aber, bester Freddy, übermittle ihr doch bitte: Wenn sie mir den Ausdruck ‚Kornwölfe' erklärt, bin ich geneigt, ihr zu verzeihen."
Das ließ ich auf dem Monitor erscheinen, und Jenny lachte. „Okay, ich erklär's. In bestimmten Gegenden der Niederlande wird der Feldhamster ‚korenwolf' genannt. Weil er angeblich wie ein Wolf über das Korn herfällt. Was natürlich Quatsch ist. Aber uns hat das Wort ‚Kornwolf' gefallen."
Ich muss sagen: Mir gefiel es auch. Der Hamster als Wolf. Das Wölfische im Hamster. Toll! Zur Gegenprobe sollte man „Wolf" einfach mal mit „Meerschwein" zusammenspannen. – Na also.
Dann war es Zeit, hinaus zum Baugelände zu fahren.

Als wir ins Auto kletterten, bedauerte ich Sir William aufrichtig und sprach ihm mein Mitgefühl aus.

„Danke, mein Guter", sagte er. Und deklamierte grimmig lächelnd: „Wenn ich schon zweimal trug die Qual, so trag ich sie auch ein drittes Mal."

Oje. Jetzt fing auch noch Sir William an zu reimen. War das nun Galgenhumor? Jedenfalls konnte ich angesichts der Qualität dieses Galgengedichtes nur hoffen, dass es sein erster und letzter Dichtversuch war.

Sir William kam auch dieses Mal ohne Malheur davon, und als das Auto der Kornwölfe von der Landstraße in einen Waldweg einbog und kurz darauf anhielt, verkündete er sogar: „Freddy, ich fange an, mich zu gewöhnen."

Es war inzwischen dunkel geworden. Trotzdem fanden die Kornwölfe das wartende Paar Lisa und Master John binnen kurzem. Es folgte ein kleines Durcheinander, als man sich miteinander bekannt machte. Dann brachen wir zum Baugelände auf.

Schon von weitem hörten wir das Brummen und Quietschen der Planierraupe. Da Sir William sich von Anfang an fit gefühlt hatte, absolvierte ich dieses Mal den Weg auf seinem Genick. Ich sah so gut wie nichts in der Dunkelheit des Waldes. Für Sir William dagegen schien es taghell zu sein, so sicher bewegte er sich.

Nach einer Zeit sagte er plötzlich: „Das Licht verstärkt sich, Freddy. Irgendetwas ist da los auf dem Hamsterfeld. Wir sollten unsere Freunde zur Vorsicht mahnen."

„Und wie?", fragte ich. Denn Lisa hatte ihren Laptop noch nicht eingeschaltet. „Aber ich glaube, Sir William, sie sind auch ohne Warnung vorsichtig genug."

Doch erst als wir dem Feld schon ziemlich nahe waren, merkten die Menschen etwas. Master John hielt an. „Da stimmt was nicht."

„Stimmt", sagte Frank. „Dort vorn schimmert es hell."

Es wurde immer heller. Vorsichtig pirschten wir uns zum Waldrand, an den das Hamsterfeld grenzte, und spähten durchs Gebüsch.

„Oh Gott!", sagte Jenny.

Das Feld war gleißend hell beleuchtet.

11. Kapitel

Man hatte drei fahrbare Lichtmaste aufgestellt. Einer stand entfernt von uns, dort, wo die Planierraupe hin- und herfuhr. Das Flutlicht der beiden anderen aber leuchtete die Fläche vor uns taghell aus.
Zwei Männer mit Bauhelmen kamen über das Feld. Jeder von ihnen trug einen Kasten.
„Scheiße!", entfuhr es Frank. „Das sind zwei von unseren Fallen."
„Und da am Feldrand liegen die anderen", sagte Mario. „Na ja. Das Ganze hat sowieso nicht geklappt. Halb so schlimm."
„Aber ganz schlimm ist das Licht, das wir uns damit eingebrockt haben." Jenny schüttelte den Kopf. „So können wir Plan Präsident nicht starten."
„Dies schon deshalb nicht", sagte Lisa, „weil dort hinten der Wachmann kommt."
„Ich wurde sagen: Ruckzug." Master John ging voran,

und wir zogen uns eine Strecke weit in den Wald zurück.

„Was meinst du, Sir William?", fragte ich.

„Ich bin absolut deiner Meinung, Bester."

Sir William zupfte Master John am Hosenbein. Worauf der sofort verstand und Lisa bat, ihren Laptop einzuschalten.

„Wartet hier", gab ich ein. „Wir reden mal mit dem Wachhund."

Als Sir William mit mir davonsprang, hörte ich gerade noch, wie Jenny fragte: „Die wollen mit dem Hund reden? Aber wie? Soviel ich weiß, kann weder ein Hamster noch ein Kater bellen." In ungefähr zehn Minuten würde sie vermutlich beschließen, nicht bloß ihr Zoologiebuch wegzuschmeißen, sondern ihr ganzes Studium aufzugeben.

Der junge Mann in der schwarzen, aber sympathisch aufgelockerten Uniform stand am Waldrand und sah den beiden Männern mit Bauhelmen zu, die das Feld noch immer nach Fallen absuchten. Neben ihm stand die Gräfin.

„Guten Abend, Sir William", sagte sie. Wahrscheinlich hatte sie uns schon gerochen, als wir noch tief im Wald waren. „Ich bin erfreut, dir wieder zu begegnen."

„Freude und Entzücken, Gräfin, sind ganz meinerseits." Sir William war wieder mal Herr der Situation.

„Ach wie gerne, Gräfin, würde ich dir einmal auf rein gesellschaftlicher Ebene begegnen. Indes, indes. Drängende Umstände machen es leider erforderlich …"

„Ich weiß", sagte die Gräfin. „Ihr wollt die Hamster retten."

Sir William schnappte nach Luft. „Das weißt du?"

„Natürlich. Man riecht ja so allerlei. Und ich muss sagen: Zwar habe ich wahrhaftig nichts übrig für verfressene Nager – Anwesende natürlich ausgenommen –, aber sie einfach platt zu machen, das geht zu weit. Kann ich also irgendetwas für euch tun?"

„In der Tat, Gräfin, das kannst du. Es geht darum, dein Herrchen …"

„Conny."

„Was?"

„Mein Herrchen heißt Conny. Ich erwähne dies, Sir William, um dem Eindruck vorzubeugen, er sei lediglich irgendein Wachmann. Conny ist mein Herrchen. Und er ist ein gutes Herrchen."

„Aber selbstverständlich, Gräfin, ganz ohne jeden Zweifel." Sir William räusperte sich. „Es geht also darum, dein Herrchen Conny zu bewegen, eine Zeit lang wegzusehen. Und dafür zu sorgen, sofern dies in seiner Macht steht, dass dieses grässliche Licht ausgeschaltet wird."

„Hm", machte die Gräfin. „Unmöglich erscheint mir

dies nicht. Natürlich muss ihm das ein Mensch nahe legen. Und zwar jemand, den er auf Anhieb sympathisch findet. Am besten wäre ein weiblicher Mensch." Sie fügte hinzu: „Aber bitte nicht die Dame mit den roten Haaren."

An sich wollte ich diese Verhandlung ganz Sir William überlassen, aber nun musste ich doch fragen: „Warum nicht sie?"

„Ihr Parfüm behagt mir nicht."

Jetzt war es an mir, nach Luft zu schnappen. „Na hör mal …"

„Ich glaube, Gräfin", sagte Sir William rasch, „wir können mit einer Alternative aufwarten."

„Gut denn, Sir William." Die Gräfin setzte sich. „Dann lass uns ein Treffen arrangieren."

Wir hatten uns noch etwas tiefer in den Wald zurückgezogen, zu einer kleinen Lichtung, und uns rundum in den Büschen versteckt (das betraf natürlich vorwiegend die Menschen. Ein eher mittelgroßer Nager und ein pechschwarzer Kater mussten sich in einem dunklen Wald nicht groß verstecken).

Es dauerte nicht lange, da kam die Gräfin gehechelt. An der Leine zog sie Conny hinter sich her. Er leuchtete mit einer langen Stablampe.

Mitten auf der Lichtung hielt die Gräfin an und setzte sich.

„Aha, hier also." Conny ließ den Strahl der Stablampe wandern. „Ist da jemand?", rief er.
Stille.
Conny lauschte. Dann schüttelte er den Kopf. „Nichts. Was ist los mit dir, Gera? Das ist heute schon das zweite Mal, dass du mich irgendwo hinführst und da ist dann nichts." Er wendete sich zum Gehen. „Na, komm."
Aber die Gräfin blieb sitzen.
„Hm", machte Conny. Er löschte die Lampe und lauschte in die Dunkelheit.
Plötzlich knackte es.
Conny fuhr herum, knipste die Lampe an – und da stand sie.
Also, sie stand nicht einfach nur so da. Sie war im Lichtstrahl aufgetaucht wie eine überirdische Erscheinung. Wie eine Prinzessin aus der Milchstraße.
Conny starrte.
„Hallo", sagte die Prinzessin.
„Ha-ha-hallo", stotterte Conny.
Da lächelte die Prinzessin überirdisch lieblich und sagte: „Ich bin Jenny."

Als die Flutlichter am Feld erloschen, sprintete Sir William sofort los. Unser Ziel war die Ausgangsröhre an Elviras Bau. Seit wir Enrico & Caruso verlassen hatten, waren einige Stunden vergangen. Ich vermied es, mir auszumalen, was die Feldhamster inzwischen mit den beiden angestellt haben mochten. Oder umgekehrt.

Jennys Treffen mit Conny war ein voller Erfolg gewesen – in jeder Hinsicht. Nachdem Jenny ihm erschienen war, hatten die zwei sich außer Hörweite verzogen (was Mario mit einem Schnauben durch die Nase kommentiert hatte), und als Jenny wiederkam, konnte sie berichten, dass Conny (sie vermied das Wort „Wachmann") nicht einfach nur wegsehen wolle, sondern aus tiefem Herzen einverstanden sei mit unserem Tun.

„Er hat ein Herz für Hamster", sagte Jenny. „Und auch sonst ist er ganz okay." Wozu Mario denn doch anmerken musste, dass einer auf keinen Fall okay sein könne, der im Solde derjenigen stehe, die Hamster ermordeten. Worauf Jenny hitzig antwortete, erstens werde Conny weder vom Regierungspräsidenten noch von der Baufirma bezahlt und zweitens sei das absoluter Quatsch. Mario setzte zu einer wütenden Entgegnung an, aber da griff Master John ein und sagte, er wolle jetzt wissen, ob das Licht ausgeschaltet werde.

„Das wird es", hatte Jenny gesagt. „Und zwar weil Conny das anordnet. Deswegen wird er garantiert Ärger kriegen. Aber den nimmt er voll in Kauf."

Es hatte dann noch einige Zeit gedauert, bis das Licht

tatsächlich erlosch und Sir William lossprinten konnte.

Die Ausgangsröhre an Elviras Bau trafen wir auf den Zentimeter genau (dazu verkneife ich mir jeden Kommentar), und Sir William sagte: „Es wäre mir angenehm, wenn du hier auch wieder herauskämest, Bester. Denn das ganze Feld vermag in der Dunkelheit selbst ich nicht zu überblicken."

„Dass du mich bemerkst, wird kein Problem sein, Sir William. Entweder wirst du mich überhaupt nicht sehen, einfach, weil ich nicht mehr herauskomme. Oder du wirst mich sehr leicht entdecken. Weil ich in zahlreicher Begleitung bin."

Sir William nickte. „Hals- und Pfotenbruch, Freddy."

„Danke", sagte ich und tauchte ein in die Welt der Feldhamster.

Es war stockfinster in der Röhre. Aber im Dunkeln findet sich unsereiner mit den Schnauzhaaren so sicher zurecht wie eine Fledermaus mit Ultraschall (okay, okay, liebe Bio-Lehrer: fast so sicher). Außerdem konnte ich mich am Geruchsbild orientieren. Und das zeigte mir: Elvira war nicht in ihrem Bau.

Dafür fing ich einen anderen Geruch auf. Einen, den ich nur zu gut kannte und der immer stärker wurde, je näher ich zu Elviras Wohnhöhle kam. Ich schob mich hinter der Biegung der Gangröhre hervor –

und dort, im Schein eines Stückchen faulenden Holzes, hockten sie.
Sie hockten zusammengesunken da, richtig niedergedrückt, und ließen kläglich die Köpfe hängen. Kein Zweifel: Enrico & Caruso bliesen dunkelste Trübsal. Es war ein Anblick, der mir ausgesprochen gut tat.
Bevor jetzt jemand „herzloser Hamster" schreit, möchte ich zu bedenken geben: Ich hatte eine ziemlich schwierige Aufgabe vor mir, eine hamstergottverdammt schwierige, um es mal klar zu sagen. Ich musste eine Kolonie grimmiger Feldhamster, die sich, von ihrem Priester aufgehetzt, nicht retten lassen wollte, umstimmen. Und auch noch dazu bringen, dafür was zu tun. Außerdem darf ich vielleicht daran erinnern, dass meine Pfoten wund waren und mir wieder ein strapaziöser Pfotenmarsch zur Höhle mit dem Topf bevorstand. Kurz: Ich konnte jetzt alles brauchen, bloß keine Meerschwein-Komiker, die darauf aus waren, mich mit geschmacklosen Scherzen zu piesacken.
„Hallo, Jungs", sagte ich.
„Freddy!" Enrico strahlte richtig.
„Gut, dass du endlich kommst!" Caruso hob begeistert die Pfoten.
Ich will nicht leugnen, dass ich in diesem Moment eine gewisse herzliche Sympathie für die beiden empfand.

„Es ist furchtbar", berichtete Enrico. „Wir haben noch nie so viele deprimierte Feldhamster beisammen gesehen. Sogar Elvira ist verzagt und mutlos."

„Wir wollten die Hamster etwas aufheitern", erzählte Caruso. „Und haben uns einen lustigen Sketch ausgedacht, in dem eine Planierraupe vorkommt."

„Um der Sache etwas von ihrem Schrecken zu nehmen", sagte Enrico. „Wenn du verstehst, was ich meine. Ich habe den Fahrer gespielt und Caruso die Planierraupe."

„Es war", sagte Caruso bescheiden, „meine bisher schwerste Rolle."

„Aber sie haben uns ausgepfiffen", erzählte Enrico.

„Und dann haben sie uns aus der Höhle gejagt", berichtete Caruso.

„Tz, tz, tz", gab ich mich mitfühlend und zog innerlich den Hut vor dem Kunstverstand meiner Basen und Vettern. „Die Hamster sind also alle in der Höhle mit dem Topf versammelt?"

„Ja. Fronso will eine neue Speisung abhalten."

„Wann?"

„Wenn wir uns beeilen, kommen wir noch zurecht."

Einzelheiten des Pfotenmarsches lasse ich aus. Am Ende konnte man jedenfalls einen Hamster auf dem Zahnfleisch kriechen sehen.

Schon im Röhrengang hatte ich Fronsos ölige, zugleich durchdringende Stimme gehört. Als ich vorsichtig aus dem Gang in die Höhle spähte, hatte er seine Predigt gerade beendet. Er hockte klein und fett auf seinem Podest und hob nun die Pfoten. „Lasset uns bitten."

Die Hamster wendeten sich der Mitte der Höhle zu. Wie bei der ersten Speisung saßen sie verteilt und auf Abstand bedacht.

„Gefäß der Hoffnung!", tönte Fronso. „Zu dir sehen wir auf. Erhöre uns! Sieh die überreichlichen Opfergaben und sei uns gnädig."

Tatsächlich häufte sich am Fuße des Topfes mindestens doppelt so viel Korn wie bei der ersten Speisung. Wenn Hamster sich freiwillig von solchen Mengen ihrer Vorräte trennten, dann waren sie wirklich deprimiert.

„In dir, o Gefäß dort oben", tönte Fronso, „schlummern unsere Hoffnungen. Dein köstlicher Inhalt wird uns nicht enttäuschen."

Die Hamster wiederholten im Chor: „Dein köstlicher Inhalt wird uns nicht enttäuschen." Mit verzweiflungsvoller Sehnsucht blickten sie auf den Topf.

„So nehmet denn hin die Speise der Hoffnung!"

„So nehmen wir hin die Speise der Hoffnung", sagten alle im Chor.

Und als sie dies sagten und dabei sehnsüchtig auf den Topf starrten, da hatte ich eine Idee.

Ich will diese Idee nicht schon wieder genial nennen (obwohl ich meine, dass sie's war), weil man mich sonst vielleicht für eingebildet halten könnte. Aber als ich nun Enrico & Caruso, die dicht hinter mir hockten, flüsternd erklärte, was ich plante, da entfuhr ihnen spontan: „Einfach genial!"
Inzwischen hatten die Hamster gemeinsam gesungen:

„Hoffnung, meine Zuversicht,
Hoffnung, du enttäuschst mich nicht.
Weh mir, wenn ich je vergäße
süße Hoffnung im Gefäße."

„Liebe Hamster vom Felde!", tönte Fronso nun. „Dank eurer üppigen Spenden wird uns das Gefäß der Hoffnung dieses Mal gewisslich erhören."
Und da sprang ich vor, hinaus in die Höhle, und rief: „Der Priester betrügt euch!"

12. Kapitel

Mit einem Ruck drehten sich alle Hamster in meine Richtung. Sie brauchten einen Moment, um zu begreifen, wen sie da sahen. Es war ein sehr kurzer Moment.
„Der Zwerghamster!", schrie jemand.
Ein Fauchen ging durch die Versammlung. Es war nicht besonders laut. Aber es war so scharf, dass es mich fast entzweischnitt. Dies war der Zeitpunkt, an dem ich ziemlich stark bezweifelte, dass wir es schaffen würden. Aber ich rief: „Jetzt!"
Und schon kamen Enrico & Caruso aus dem Röhrengang geschossen. Also, schießen konnte man es natürlich nicht nennen. Aber sie waren so fix, wie ich es Meerschweinen nicht zugetraut hatte. Sie fegten mitten durch die Versammlung, sausten zum Podest mit dem Topf, waren in null Komma nichts oben und dann – ich hielt den Atem an, weil ich wirklich nicht

wusste, ob sie kräftig genug waren – packten sie den Topf an den Henkeln und warfen ihn um.

Sie stürzten das Gefäß der Hoffnung um.

Es kippte, rutschte vom Podest, der Deckel fiel herab, rollte ein kurzes Stück und blieb dann liegen. Der Topf lag auf der Seite, mit der Öffnung nach vorn.

Da lag er.

Man konnte in das Gefäß der Hoffnung hineinsehen.

Stille.

„Aber es ist ja leer!"

Es war nur ein einzelner Aufschrei. Aber der war so voller Enttäuschung, so voller Wut, dass es mich förmlich schüttelte. Und dann begannen alle Hamster zu schreien. Sie riefen: „Wo sind die Engerlinge?" Sie schrien: „Wo sind unsere Opfergaben?" Sie brüllten: „Wo ist unser Korn?"

„Hamster vom Felde!"

Fronso. Er stand auf seinem Podest, reckte die Pfoten in die Höhe und schaffte es, mit seiner Stimme durchzudringen. „Hamster vom Felde!", schrie er. „Hört mich an!"

Die Hamster wurden still.

Ich blickte über die Versammlung und wusste: Dies war der Augenblick der Entscheidung. Jetzt konnte Fronso alles zu seinen Gunsten wenden.

„Hamster vom Felde!", rief Fronso. „Wundert ihr

euch wirklich, dass das Gefäß der Hoffnung leer ist?"

Die Hamster sahen ihn an. Abwartend. Aber ihre Schnauzhaare zuckten.

„Natürlich ist es leer!", rief Fronso. „Natürlich seht ihr nichts im Gefäß! Wie denn anders?" Fronso machte eine Pause. Dann rief er: „Weil man Hoffnungen nicht sehen kann! Hoffnungen sind unsichtbar!"

Völlig richtig, Fronso. Aber es gibt Situationen, in denen das Richtige völlig falsch sein kann.

„Hamster vom Felde! Lasst euch nicht einwickeln!"

Elvira hatte das gerufen.

Sie ragte aus der Versammlung der Hamster heraus und dröhnte: „In dem Gefäß war niemals etwas drin. Keine Hoffnungen – nichts. Dieses Gefäß war immer leer!" Und dann rief sie: „Wollt ihr wissen, wo unsere Opfergaben geblieben sind? Wollt ihr wissen, was aus unserem Korn geworden ist?" Sie blickte in die Runde. Alle Hamster hatten sich aufgerichtet.

Und Elvira dröhnte: „Unsere Opfergaben, unser Korn – das hat alles Fronso eingesackt!"

Die Stille dauerte wieder so lange, wie die Hamster brauchten, um zu begreifen. Dieses Mal dauerte sie etwas länger.

Doch dann stieg ein Fauchen der Wut hoch. Es kam wie aus einer einzigen Kehle und ließ die Luft in der Höhle erzittern.

Und dann rückten die Hamster vor, von allen Seiten, langsam, aber mit wütender Entschlossenheit.

Fronso hockte reglos auf dem Podest. Wie festgefroren hockte er da und starrte mit vor Todesangst geweiteten Augen auf die anrückenden Hamster.

Der Ring um Fronso zog sich zusammen.

Und da kam es.

Wieder erst nur als Zittern, aus dem aber rasch ein Beben wurde, das die Höhle erschütterte und sie so rüttelte, dass sich Brocken aus der Decke lösten.

Entsetzt starrten die Hamster zur Höhlendecke. Plötzlich schrie jemand: „Der Priester!"

Gerade verschwand Fronso in einem der Röhrengänge, flink wie ein Zwerghamster.

„Ihm nach!"

„Halt!", donnerte da Elvira. „Bleibt hier!"

Die Hamster hielten an.

„Wir müssen uns retten!", dröhnte Elvira. „Der Priester ist egal."

Das Beben ließ schon wieder nach; rasch wurde es schwächer. „Verdammt, Elvira!", rief eine Hamsterin. „Wenn uns der Betrüger durch die Lappen geht, ist das deine Schuld!"

„Fine, ob dieser elende Wicht davonkommt, spielt doch keine Rolle. Wir müssen jetzt alle Kraft daransetzen, uns vor dem Hamstermörder in Sicherheit zu bringen."

„Elvira hat Recht!", rief ein Hamster. „Lasst Fronso laufen."

„Na klar doch, Jakob", sagte die Hamsterin Fine verachtungsvoll. „Was anderes hab ich von dir Weichling nicht erwartet."

„Den Weichling nimmst du sofort zurück!", bellte Jakob.

„Halt!", dröhnte Elvira. „Das führt zu nichts, wenn ihr euch streitet."

„Misch dich nicht ein, Elvira", sagte da eine dritte Hamsterin. „Wie kommst du überhaupt dazu, dich hier als Anführerin aufzuspielen?"

„Den Grund kann ich dir verraten, Suse", sagte ein anderer Hamster. „Weil sie einen ganzen Haufen mehr Grips hat als du zum Beispiel."

„Ach, der Herr Joss meldet sich auch zu Wort?", fauchte Suse. „Mach du erst mal deinen Bau sauber. Der stinkt bis zu meinem rüber."

Ich hatte mit offenem Mund zugehört. Mir war ja bekannt gewesen, dass meine Basen und Vettern nicht gerade zur verträglichsten Nagersorte zählten. Aber es so handfest serviert zu bekommen, ging denn doch ein wenig an die Nieren. Wenn die Hamster sich jetzt alle in die Wolle kriegten, war „Plan Präsident" gestorben. So schnell ich konnte, sauste ich zum Podest. Ich richtete mich auf. „Hamster vom Felde!", rief ich lauthals.

Die Hamster wendeten sich mir zu.

„Liebe Basen und Vettern." Ich blickte über die versammelten Feldhamster, jeder von ihnen ungefähr zwei- bis dreimal so groß wie ich, und sagte: „Also, zuerst möchte ich eines klarstellen und zwar ein für alle Mal: Ich bin kein Zwerghamster." Ich reckte mich. „Sondern ich bin ein Goldhamster."

Unter den Feldhamstern breitete sich Heiterkeit aus. Viele schmunzelten, andere lachten sogar. Was zum Bussard war komisch an dem, was ich gesagt hatte? Verwirrt blickte ich zu Elvira hinüber.

„Freddy", dröhnte sie amüsiert. „Ob du ein Zwerghamster, ob du ein Goldhamster oder gar ein Feldhamster bist, das ist doch wurschtegal. Du bist der Vetter aus der Stadt, der Fronso entlarvt hat. Zusammen mit deinen tapferen Freunden." Sie zeigte zu Enrico & Caruso, die noch immer auf dem Podest saßen, wo bis vor kurzem der Topf gestanden hatte, und die sich nun aufrichteten und nach allen Seiten verbeugten. Zu Elvira warfen sie eine Kusspfote hinüber, und die lächelte geschmeichelt.

Dann wurde sie wieder ernst und sagte: „Vor allem, Freddy, bist du der Hamster, der weiß, wie wir uns retten können."

Rundum nickten die Basen und Vettern.

„Und dazu", meldete sich Joss zu Wort, „möchte ich gleich mal was sagen." Er räusperte sich. „Du hast,

Vetter Freddy, uns ja schon erklärt, was die Rettung wäre: Wir müssen dieses Feld verlassen."
„So ist es", kam von Elvira. „Aber bitte ohne den alten Topf."
Alle Hamster lachten.
„Ohne den Topf", sagte Joss, „aber mit unseren Vorräten. Denn die Erntezeit ist fast vorbei. Und ich fände es nicht so besonders toll, wenn ich vor dem Hamstermörder sicher wäre, aber verhungern müsste."
Sehr gut. Vetter Joss hatte genau den Punkt anvisiert, auf den ich hinauswollte. „Selbstverständlich nehmt ihr eure Vorräte mit", sagte ich. „Das werden wir organisieren. Es muss noch viel mehr organisiert werden. Zum Beispiel sollte euer neues Feld mit Bedacht ausgewählt sein. Damit ihr nicht wieder vertrieben werdet. Und was heißt das alles?" Ich blickte in die Runde. „Das heißt: Wir brauchen Zeit."
Die Hamster nickten.
„Und diese Zeit müssen wir uns holen. Wir müssen den Hamstermörder zwingen, so lange stillzuhalten, bis ihr in eure neue Heimat umgezogen seid. Und jetzt werde ich euch sagen, wie wir das anstellen." Ich hielt inne.
Nun kam der schwierigste Teil meiner Aufgabe. Nämlich den Basen und Vettern „Plan Präsident" schmackhaft zu machen. Und da musste ich ihnen den dicksten Hammer gleich am Anfang verpassen. Denn die

erste Phase des Planes sah für meine Basen und Vettern nichts Geringeres vor als eine – Autofahrt.

Ich meine, das muss man sich mal vorstellen. Anders als wir Goldhamster, die wir in der technisierten Welt der Käfige leben (jeder von uns hat mindestens ein Laufrad), haben die Feldhamster niemals direkt mit etwas Technischem zu tun. Sie wohnen in Erdhöhlen, sammeln ihr Korn auf Feldern, sie leben gänzlich in einer natürlichen Welt.

Und diese Naturkinder sollte ich dazu überreden, sich auf das Abenteuer einer Autofahrt einzulassen.

Die Hamster sahen mich erwartungsvoll an.

Ich begann so behutsam wie möglich. „Als ich das erste Mal bei euch war, habe ich erzählt, was ein Auto ist."

„Ja", sagte Suse. „Das ist ein Kasten mit Rädern, in dem Menschen gefahren werden. So eine Art Transport-Trecker."

„Genau", nickte ich. „Und ein Transport-Trecker ist sehr praktisch, wenn man zu einem Ort muss, der weit weg ist. So weit, dass man es zu Pfote nicht schafft."

Die Hamster nickten. Aber ich bemerkte, dass sie unruhig wurden. Meine Aufgabe schien schwieriger zu werden, als ich gedacht hatte. Ich musste noch schonender vorgehen.

„Die Menschen finden nichts dabei, im Auto, äh, im

Transport-Trecker zu fahren. Auch die meisten Tiere nicht. Ich selbst habe das schon ein paar Mal gemacht. Und ich kann euch versichern: Es ist wirklich nichts dabei."

Ich sah, wie Jakob und Suse Blicke wechselten, und beschloss, mit der Gangart noch eine Stufe herunterzugehen. „Also, wer so einen Transport-Trecker zum ersten Mal sieht, der hat möglicherweise ein bisschen Bammel davor." Ich räusperte mich. „Ich kann mir denken, dass es, äh, euch vielleicht ähnlich gehen wird. Also, ähm …"

Die Hamster blickten sich an.

„Tja", sagte ich. „Einmal muss ich es euch ja sagen. Könntet ihr euch vorstellen, dass ihr, also, dass ihr selber …"

Die Hamster starrten mich an.

„Du meinst", sagte Jakob mit weit aufgerissenen Augen, „dass wir auf einem Transport-Trecker fahren?"

Ich konnte nur noch nicken.

„Mann", sagte da Suse und seufzte tief auf. „Mal auf einem Trecker fahren – das haben wir uns schon immer gewünscht."

13. Kapitel

Auf der Ablage hinten in Lisas Auto saßen ich, Sir William und leider auch wieder Enrico & Caruso.
Die Feldhamster waren allesamt in das Auto der Kornwölfe eingestiegen, richtiger: hineingehoben worden. Einmal, weil sie dort alle bequem Platz hatten. Und zum anderen, weil Sir William dies mit einem Machtwort verfügt hatte (davon gleich).
Wie von mir vorausgesagt, hatte er mich, Enrico & Caruso und das gute Dutzend Feldhamster sofort entdeckt, obwohl wir nicht an Elviras Bau auf dem Feld erschienen waren, sondern recht weit entfernt davon. Ich hatte die Hamster natürlich auf Sir William vorbereitet. Trotzdem waren sie einigermaßen verstört, als plötzlich ein riesiger schwarzer Kater erschien. Aber Sir William entspannte die Situation mit einigen galanten Sätzen, die, zumindest bei den Hamsterinnen, gut ankamen.

Wir waren dann, ich auf Sir William vorweg, zum Waldrand marschiert, wo unsere menschlichen Freunde warteten.

Auch von ihnen hatte ich den Hamstern erzählt, sehr ausführlich sogar. Und doch erschreckte sie das Auftauchen von Menschen dermaßen, dass sie drauf und dran waren, in wilder Flucht zurück auf das Feld zu türmen. Und da begann Jenny zu reden. Ich weiß nicht mehr, was sie sagte. Aber das war auch egal. Denn es war der Klang ihrer energischen, klaren und zugleich weichen Stimme, die die Hamster innehalten ließ. Und als sie dann den aparten Duft nach Rosmarin auffingen, hatte Jenny gewonnen. Den anderen Menschen gegenüber blieben die Hamster misstrauisch. Aber mit Jenny in ihrer Nähe waren sie hinfort durch nichts mehr zu erschüttern.

Unsere Freunde hatten die beiden Autos bis nahe ans Feld fahren können, weil die Arbeiten für diesen Tag beendet worden waren und alle Bauarbeiter das Gelände verlassen hatten.

Nachdem die Hamster eine gewisse Enttäuschung verdaut hatten (die Autos entsprachen nicht gerade hundertprozentig ihren Vorstellungen von Transport-Treckern), war es um die Frage gegangen, wer wo mitfahren sollte.

„Ich auf gar keinen Fall in dem Auto, wo Fine mitfährt", hatte Jakob verkündet.

„Na, da sind wir uns ja ausnahmsweise mal einig", giftete Fine.

„Und ich", sagte Suse, „darf nicht in dem Auto sitzen, wo der Herr Joss sitzt. Aus gesundheitlichen Gründen."

„Was für gesundheitliche Gründe denn?"

„Du stinkst so, dass man krank davon wird."

„Wart mal ab, wie krank du erst wirst, wenn ich dich …"

„Verdammt", ging Elvira dazwischen. „Hört gefälligst mit der Zankerei auf."

„Was geht dich das denn an?", erregte sich Suse. „Du meinst wohl, weil dir zwei Meerschweine den Hof machen, bist du die Queen, oder was?"

„Neidhamster, dein Name ist Suse", sagte Joss.

„Jetzt haltet mal einen Moment die Klappe", meldete sich eine andere Hamsterin zu Wort. „Also, damit das klar ist: Ich will in dem Auto sitzen, in dem Elvira sitzt. Aber keinesfalls in dem, wo Fine hockt."

„Denkst du, ich in dem, wo du hockst?", fauchte Fine. „So schlampig, wie du dein Fell putzt! Du bist eine …"

„Bitte, meine Damen, bitte!", rief da Sir William. „Und auch meine Herren. Ihr erhitzt euch überflüssigerweise. Der begrenzte Platz im Auto von Miss Potempe ist der Stammbesatzung vorbehalten. Alle Feldhamster fahren im anderen Wagen."

Unsere Fahrt in Lisas Auto ließ sich zunächst durchaus harmonisch an. Enrico & Caruso verhielten sich still und manierlich, und Sir William war guten Mutes, was seine Reisekrankheit betraf.

Dann aber erwischte sie ihn. Und zwar gleich volle Kanne.

„Freunde", ächzte er, „jetzt passiert's." Und das tat es dann auch.

Als Sir William wieder einigermaßen zu Atem gekommen war, sagte er: „Großer Katzengott, ist mir das peinlich. Ausgerechnet in das Auto dieser adretten Person. Ich hoffe, Miss Potempe verzeiht mir." Er fügte hinzu: „Und mir ist immer noch übel."

Da kam von Enrico: „Wir könnten dich etwas aufheitern, Sir William."

„Genau. Das hat dir auch beim letzten Mal gut getan", sagte Caruso.

„Jungs", sagte ich hastig, „ich glaube, ein wenig Ruhe täte Sir William jetzt besser."

„Deine Fürsorge, Freddy", lächelte Sir William fein, „ist wirklich rührend. Aber ich glaube, etwas Lustiges würde mir in der Tat helfen. Was habt ihr beiden denn anzubieten?"

Wehe, etwas auf meine Kosten, Jungs! Dieses Mal würde auch Sir William euch nicht retten können.

„Wir hätten da einen Sketch", sagte Enrico. „Er heißt: Der dritte Mann."

„Der ist wirklich sehr lustig", versicherte Caruso.
„Ausgezeichnet", freute sich Sir William. „Bitte. Fangt an."
Aber Enrico schüttelte bekümmert den Kopf. „Es geht nicht."
„Und warum nicht?"
„Weil wir bloß zu zweit sind", erklärte Caruso. „Uns fehlt der dritte Mann."
„Also, der müsste gar nicht viel tun", sagte Enrico.
Und die beiden sahen mich an.
„Moment! Ich soll …? Nein. Kommt überhaupt nicht in Frage."
„Bitte, Freddy", bat Enrico. „Sei kein Frosch. Du musst in dem Sketch nur wütend werden. Das kannst du doch."
„Nein, ich kann nicht wütend werden. Aus. Vergesst es."
„Du müsstest doch nur so tun, als ob", sagte Caruso.
„Das habe ich durchaus verstanden", sagte ich gereizt. „Trotzdem. Ihr beißt auf Granit."
Die zwei sahen sich unglücklich an. „Aber der Sketch funktioniert bloß mit dreien", sagte Enrico kläglich.
„Wenn ihr's zu zweit nicht schafft, dann müsst ihr's eben lassen." Allmählich wurde ich wütend. „Schluss jetzt. Finis. Finissimo."

„Ich glaube, Enrico", sagte Caruso betrübt, „er will wirklich nicht."
„Bitte, Freddy!" Enrico hatte die Pfoten gefaltet.
„Himmel, Arm und Höhlenbruch, nein!", schrie ich. „Ich mach nicht den dritten Mann für euch! Eher schmeiß ich meinen gesamten Futtervorrat aus dem Käfig!"
„Diese Ankündigung", sagte da Sir William, „war vielleicht etwas voreilig. Oder verspätet. Wie man's nimmt."
„Was? Äh – wieso?"
Aber Sir William antwortete nicht. Stattdessen griente er von einem Ohr zum anderen.
Und schon schrien Enrico & Caruso im Chor:

> „Es tappt umher die blinde Kuh,
> wir machen alle fröhlich Muh.
> Uns amüsiert ein blindes Huhn,
> das Körner sucht ohn' Rast und Ruh'n.
> Und lustig ist ein blinder Mann,
> der seinen Stock nicht finden kann.
> Jedoch am meisten tut uns gut
> ein Hamster – blind vor Wut."

Und sie johlten und heulten ihre meersaumäßige Schadenfreude ohne Scham heraus.
Beißen! Messerscharfe Zähne in Meerschweinfleisch

schlagen! – Es kostete mich schier überhamsterliche Anstrengungen, um scheinbar gelassen sitzen zu bleiben, ja, sogar zu verhindern, dass sich mein Fell sträubte. Okay. Okay! Sie hatten mich wieder mal drangekriegt. Und zwar, wie ich zugeben musste, mit meiner tätigen Mithilfe. Beschluss: Schwamm drüber.
Sir William hatte mich beobachtet. Jetzt nickte er zufrieden.
In seinen Augen hatte ich mich wie ein kultiviertes Haustier betragen.
Eines war klar: Die Weltraumreise zur dunklen Macht in Galaxis Nummer 999 war so gut wie gebucht.

Selbstverständlich parkten wir die Autos nicht vor der Einfahrt. Lisa, die zusammen mit Master John die Leitung von „Aktion Präsident" übernahm, hatte auf dem Stadtplan eine passende Stelle herausgesucht: einerseits so weit vom Haus des Regierungspräsidenten entfernt, dass wir keinen Verdacht erregen würden, andererseits aber so nah, dass sich der Marsch zum Haus nicht zur Strapaze auswachsen würde.
Master John hatte, als wir das erste Mal beim Regierungspräsidenten gewesen waren, mitbekommen, dass es einen Hintereingang gab, der durch den Garten zu erreichen war.
Dorthin brachen wir nun auf.

Jeder Einzelne von uns wusste genau, was er zu tun hatte.

Vor der Abfahrt waren wir von Master John noch einmal nach „Plan Präsident" eingewiesen worden (ich weiß: Das wird in mittelmäßigen Gangsterfilmen so gemacht. Trotzdem ist es richtig).

„Sir William?", fragte Master John.

„Freddys Transporteur, außerdem Pfadfinder", sagte der, und ich ließ es auf dem Laptop erscheinen.

Master John nickte. „Enrico und Caruso?" – „An der Gartentür aufpassen. Bei Gefahr zwei schrille Pfiffe."

„Mario?" – „Beobachten des vorderen Einganges. Bei Gefahr ein schriller Pfiff."

„Frank?" – „Knacken des Schlosses an der Hintertür."

„Jenny?" – „Eskorte bis zur Schlafzimmertür und sie öffnen."

„Gut", sagte Master John. „Und dann sind Freddy und seine Freunde dran." Er hob die Schultern. „Ab da mussen wir auf das Gluck vertrauen. Auf das Gluck, das jede gute Sache verdient."

Es war weit nach Mitternacht, als wir die Gartentür am Haus des Regierungspräsidenten erreichten. Dort blieben Enrico & Caruso zurück. Schon vorher hatten sich Mario sowie Lisa und Master John von uns getrennt. Wir anderen schlichen vorsichtig zum Hintereingang. Jetzt hing alles davon ab, wie die Tür verschlossen war.

„Aufkriegen ist nicht das Problem", hatte Frank bei der Vorbesprechung gesagt. „Wenn es nicht gerade ein Hochsicherheitsschloss ist, schaff ich das immer. Das Problem ist das Wiederabschließen. Es soll ja keiner merken, dass wir drin waren."

Wirklich hatte er die Tür in weniger als einer Minute auf (er benutzte dazu ein Gerät, das den empfindlichen Ohren von uns Tieren mit einem schauderhaften Brummen zusetzte) und wisperte: „Schwein gehabt. War bloß zugeschnappt. Wenn ihr rauskommt, einfach zuziehen, okay? Also dann: Viel Glück."

Leise machten wir uns auf den Weg durchs Haus. Ich auf Sir William vorneweg, hinter uns die Hamster, dann Jenny.

Ich checkte das Geruchsbild. „Sein Schlafzimmer ist oben im ersten Stock", flüsterte ich. Diesen Pfeifenraucher hätte ich auch im Gestank eines Schweinestalls orten können.

Anders als wir Hamster und Jenny konnte Sir William die Treppe in der Dunkelheit mühelos ausmachen. Der Aufstieg gestaltete sich für die Feldhamster etwas schwierig. Aber mithilfe von Räuberleitern, besser: Hamsterleitern, schafften sie ihn in erstaunlich kurzer Zeit.

Dann standen wir vor der Schlafzimmertür. Unendlich behutsam drückte Jenny die Klinke nieder und öffnete. „Macht's gut", hauchte sie. Wir Tiere witschten hinein. Und nun wurde es echt schwierig.

Ich meine, man muss sich das mal klarmachen. Da drangen nicht nur ein riesiger schwarzer Kater, sondern ein gutes Dutzend Hamster in ein Schlafzimmer ein, das ihnen absolut fremd war. Sir William würde unter dem Bett verschwinden. Aber jeder der Hamster musste einen Platz finden, wo er gut zu sehen war. Und von wo aus er sich notfalls blitzschnell verstecken konnte.

Natürlich hatten wir darüber nachgedacht, was wir tun konnten, falls die Sache nicht so lief, wie wir uns das vorstellten. Das Ergebnis war einigermaßen unbefriedigend gewesen. Tatsächlich so unbefriedigend, dass Master John gesagt hatte: „Kids, euch bleibt keine Wahl. Es muss ganz einfach klappen."

Sir William hielt am Fußende des Bettes an. „Freddy, Bester", wisperte er. „Ich mache jetzt einen Buckel. Sieh zu, dass du auf das Bett kommst."

„Okay", flüsterte ich, als ich oben war. „Versteck dich."

Nach einer Weile fragte ich in die Dunkelheit: „Hat jeder einen Platz?"

Keine Antwort. Und dies war, so hatten wir ausgemacht, das Signal für „Alles in Ordnung".

Nun hing es an mir.

Ich hatte hin und her überlegt, welcher Körperteil

wohl der geeignete war. Großer Zeh? Finger? Ohrläppchen?
Langsam schob ich mich seitlich an dem riesigen, tief atmenden Körper entlang.
Bis ich am Ziel war.
Ich konzentrierte mich. Dann richtete ich mich auf.
Und biss zu.
Blitzschnell brachte ich mich hinter dem Kopfkissen in Sicherheit.
Es war ein geradezu tierischer Schrei, mit dem der Präsident hochfuhr.
Dann war Stille. Nach einer Weile ächzte der Präsident und begann heftig ein- und auszuatmen. Darauf hörte ich, wie er nach dem Schalter der Wandlampe tastete.
Das Licht ging an.
Schwer atmend blickte der Präsident vor sich hin.
Doch plötzlich hob er den Kopf.
Und sah den ersten Hamster.
Der saß auf der Kommode am Fußende des Bettes und der Präsident starrte ihn an. Der Hamster starrte zurück. Dann richtete sich der Hamster auf und fauchte.
Und jetzt begann es ringsum zu fauchen. Entsetzt blickte der Präsident um sich. Hamster, wohin er sah.
Auf dem Sessel, auf dem Pfeifentischchen davor, am stummen Diener, auf dem Büchertisch, auf dem Roll-

tisch mit den Akten, ja, sogar zwei Hamster auf der Bettkonsole. Und alle hatten sie die Backen aufgeblasen, fauchten und zeigten die Zähne.

Da klopfte es an der Tür. „Herr Präsident? Ist was mit Ihnen?"

„Sieglinde!" Der Präsident sprang aus dem Bett. Er trug ein knöchellanges Nachthemd und rannte zur Tür. Mit einem Ruck riss er sie auf und stürzte hinaus. „Sieglinde, Gott sei Dank, dass Sie da sind! Also ich meine, schön, dass Sie so aufmerksam sind." Der Präsident zögerte. „Würden Sie bitte, äh, mal im Zimmer nachsehen? Ob da irgendetwas, äh, Ungewöhnliches …?"

„Versteckt euch!", zischte ich. Aber da waren die Hamster schon abgetaucht.

Sieglinde kam groß und knochig ins Zimmer marschiert und blickte sich um. „Alles in Ordnung", verkündete sie.

Der Präsident steckte den Kopf durch die Tür. „Keine Hamster da?"

„Hamster? – Aha. Ich verstehe." Sieglinde stemmte die Arme in die Hüften. „Sie haben von Hamstern geträumt, was? Wegen der Sache mit der Autofabrik. Hab ich Recht?"

Der Präsident nickte. „Es war so realistisch. Ein Alptraum."

„Na, Herr Präsident", sagte da Sieglinde. „Dann passen Sie mal bloß auf, dass dieser Alptraum nicht zur Gewohnheit wird."

Sie verließ das Zimmer, und der Präsident legte sich wieder ins Bett. Er seufzte, schüttelte das Kopfkissen auf (ich hatte mich natürlich längst in die Spalte zwischen Kopfteil und Matratze verzogen), und darauf löschte er das Licht.

Er brauchte etwa zehn Minuten, um wieder einzuschlafen.

Ich wartete weitere fünf Minuten, bis sein Atem verlässlich ruhig ging, und flüsterte dann in die Dunkelheit. „Achtung! Macht euch bereit!"

Ich wartete noch etwas – und biss zu. Ursprünglich hatte ich für das zweite Mal eine andere Stelle ins Auge gefasst. Aber da der erste Biss so wirkungsvoll gewesen war, sah ich keinen Grund zum Wechsel. Der Erfolg gab mir Recht.

Wieder fuhr der Präsident mit einem ziemlich tierischen Schrei hoch. Aber anders als beim ersten Mal knipste er das Licht sofort an, sah wild um sich – und da waren sie wieder.

Hamster, wohin sein Blick fiel. Und alle standen sie in der fürchterlichsten Drohhaltung und fauchten.

„Sieglinde!" Er schoss aus dem Zimmer, und man hörte, wie er an eine Tür pochte. „Sieglinde! Wo sind die Schlaftabletten?"

„Ja, ja, nur die Ruhe. Ich mache Ihnen erst mal einen

Baldriantee. Kommen Sie." Sieglinde und der Präsident gingen die Treppe hinunter.

„Aber das kann ich Ihnen prophezeien", hörte ich Sieglinde noch sagen. „Mit Baldrian und Tabletten werden Sie Ihren Alptraum nicht los. Da müssen Sie sich schon was anderes überlegen."

14. Kapitel

Es war einige Stunden später.
Ich hatte in meinem Käfig gerade die Fellpflege beendet (die für unsereinen in etwa so wichtig ist wie für die Menschen das Zähneputzen) und wollte nun meine Höhle aufsuchen. Dort würde ich mich im Nest zusammenrollen und bis abends durchratzen. Das hätte ich sowieso getan, aber nach der vergangenen Nacht war es wirklich nötig.
„Hello?" Das Telefon hatte geklingelt. „Ah, well, Lisa. Schon am Platz?"
Richtig. Heute war ja Lisas erster Arbeitstag bei dem lokalen Fernsehsender. Und das nach der durchwachten Nacht! Sie musste, nachdem sie uns hier abgesetzt hatte, direkt dorthin gefahren sein.
„Aha? – Wirklich? – Well, congratulations! And when? – Oh, das ist ja schon bald! – Yes, ich bin auch sehr gespannt. – Bye." Master John legte auf. „Kids!", rief er.

„Um sieben sehen wir uns vorm Telly. Da werden wir erfahren, ob die Aktion Präsident erfolgreich war."
Tatsächlich war es zweifelhaft, ob wir unser Ziel erreicht hatten.
Nachdem der Präsident mit Sieglinde nach unten verschwunden war, hatte ich mich der kniffligen Frage gegenübergesehen: Weitermachen oder Abbrechen?
Für Weitermachen sprach: Nach einem dritten oder gar vierten Erscheinen der Hamster-Brigade würde der Präsident so ziemlich alles tun, um seinen Alptraum loszuwerden. Außerdem sprach dafür – ich gebe es zu –, dass es teuflischen Spaß machte, diesen Hamster-Plattmacher zu piesacken.
Andererseits: Solange der Präsident und Sieglinde in der Küche waren, konnten wir problemlos verschwinden. Blieben wir dagegen und wurden dann entdeckt, war alles verloren.
Wie pflegte Urgroßmutter zu sagen? „Was drinnen in den Backen, kann niemand dir abzwacken." Okay. Was wir bis jetzt in den Backen hatten, musste reichen. Ich gab das Signal zum Rückzug. Den bewerkstelligten wir ohne Zwischenfälle (wenn man davon absieht, dass meine lieben Basen und Vettern schon an der Gartentür darüber in Zoff gerieten, wer die fürchterlichste Drohhaltung aufgebaut habe). Wir schlugen den Hamstern dann vor, sie an einen Ort zu bringen, wo sie vorerst in Sicherheit sein würden. Das

aber lehnten sie entschieden ab – und zwar einmütig. Sie seien schon viel zu lange von ihrem Feld weg gewesen und ganz krank von der Fremde. Daraufhin hatten wir sie zurückgebracht, und sie waren in ihren Bauen verschwunden. Man konnte bloß hoffen, dass ihnen nichts passierte. Es war ja noch keine Entscheidung gefallen.

Aber war denn, was wir in die Backen gekriegt hatten, wirklich genug gewesen?

Kurz vor sieben versammelten wir uns vor dem Fernsehgerät. Master John saß auf der Couch und wir Tiere guckten vom Couchtisch aus (Master John hatte vorher, vermutlich wegen Enrico & Caruso, eine alte Wolldecke darauf gelegt).

Die Sendung begann pünktlich und hieß „Am Morgen nachgefragt". Auf dem Bildschirm erschien ein junger Mann mit einem dicklichen Gesicht, der strahlte, als hätte er sich die ganze Nacht auf diesen Augenblick gefreut. „Guten Morgen, guten Morgen!", legte er los. „Passiert in der Nacht – am Morgen nachgefragt. Das ist das Motto unserer Sendung. Zu einem Ereignis der vergangenen Nacht, das Sie, liebe Zuschauerinnen und Zuschauer, das uns alle angeht, nimmt gleich am frühen Morgen ein Verantwortlicher spontan Stellung."

Der Bildschirm teilte sich. Neben dem jungen Mann war nun auch Lisa zu sehen. Sie hielt ein dickes Mi-

krofon in der Hand. „Ich begrüße unsere neue Reporterin Lisa Potempe", schmetterte der junge Mann. „Hallo, Lisa! Wen haben Sie für unsere heutige spontane Stellungnahme gewinnen können?"
„Hallo, Stefan", sagte Lisa. Der junge Mann verschwand, und nun füllte Lisa den Bildschirm ganz. „Dazu hat sich heute freundlicherweise bereit gefunden –", sie wendete den Kopf und die Kamera folgte ihrem Blick, „– der Präsident unseres Regierungsbezirkes."
Der Präsident lehnte hinter seinem Schreibtisch in dem riesigen Ledersessel, hatte eine Pfeife in der Hand und lächelte so freundlich und offen, wie nur jemand lächeln kann, der nichts zu verbergen hat.
Doch gab es dabei ein kleines Problem. Der Präsident wirkte nämlich nicht sonderlich seriös. Eher im Gegenteil. Und wenn man die Sache beim Namen nannte, dann sah er regelrecht verboten aus. Wie ein Ganove, der in eine Schlägerei verwickelt war: Der Präsident hatte kreuzweise zwei dicke Pflaster über seinem Nasenknubbel kleben.
Was hatte Urgroßmutter uns auf den Lebensweg mitgegeben?

> Edel sei der Hamster, hilfreich und gut.
> Doch muss er beißen – dann bis aufs Blut.

„Herr Präsident", sagte Lisa. „Es soll eine neue Autofabrik entstehen. Auf dem dafür vorgesehenen Baugelände werden aber Feldhamster vermutet. Diese Tiere stehen unter strengem Naturschutz. Sie, Herr Präsident, hätten die Fabrik dort nicht genehmigen dürfen. Warum wird sie trotzdem gebaut?"
„Weil ein Gutachten ergab, dass dort keine Hamster leben." Der Präsident stopfte seine Pfeife. „Und ich bin froh, Frau Potempe, dass Sie in Ihrer, äh, neuen Position dazu beitragen wollen, der Öffentlichkeit ein wahrheitsgetreues Bild zu vermitteln."
„Es gibt dort unter Garantie keine Hamster?"
„Ich versichere es Ihnen." Auf dem Schirm erschien nun der Präsident groß im Bild. Er blickte freundlich lächelnd in die Kamera. Die Pflaster auf der Nase schienen ihn nicht zu stören. „Ich gebe Ihnen mein Wort darauf."
Aus. Das war's.
Wir sahen uns an: Alles war vergeblich gewesen.
Sir William blickte geradezu jammervoll drein, Enrico & Caruso ließen kläglich die Köpfe hängen, und Master John atmete tief ein und aus. Und mir war so elend zumute, dass ich mich am liebsten in mein Nest verkrochen hätte.
Die Feldhamster, meine Basen und Vettern, Elvira, Jakob, Fine, Joss, Suse und wie sie alle hießen – sie waren verloren.

„Es hat also alles seine Richtigkeit", hörten wir nun Lisa sagen. Darauf schwieg sie einen Moment. Und fragte plötzlich: „Warum, Herr Präsident, wurden dann auf dem Baugelände Hamsterfallen aufgestellt? Und warum, Herr Präsident, wurden diese Fallen gestern Abend in einer Nacht- und Nebel-Aktion heimlich wieder entfernt?"
Der Präsident, der gerade seine Pfeife entzünden wollte, starrte Lisa an. „Woher wissen Sie das?"
„Wir wissen es eben. Also? Warum?"
„Das will ich Ihnen, äh, gerne sagen." Der Präsident setzte die Pfeife in Brand. Dazu musste er sein Feuerzeug mehrfach anknipsen und überhaupt schien die Pfeife nicht recht brennen zu wollen. Schließlich aber brannte sie doch, und der Präsident hüllte sich in dicke Qualmwolken. „Was die Vorgänge in der vergangenen Nacht betrifft", begann er und hielt wieder inne. Er krauste die Nase, rieb sie vorsichtig, verzog das Gesicht, hob den Kopf und dann – platzte es aus ihm heraus. Es war ein Niesen, krachend wie ein Feuerwerksböller. Aber dabei blieb es nicht. Was folgte, war eine richtige Salve von Explosionen. Und die ganze Zeit über behielt die Kamera den Präsidenten im Bild.
Plötzlich aber schwenkte sie. Man sah jetzt das Arbeitszimmer.
Und da kam Sieglinde anmarschiert.

Sie trug ein Tablett mit Wasserglas und Tablettenröhrchen und steuerte stracks den Schreibtisch an.
„Was wollen Sie denn?", sagte der Präsident, der seine Nasenlöcher mit einem Taschentuch betupfte. „Sie stören."
„Ja, ja", sagte Sieglinde. „Und Sie brauchen jetzt unbedingt Ihre Medizin." Sie setzte das Tablett auf den Schreibtisch. „Sie sind krank, wissen Sie das nicht mehr? Die ganze Nacht haben Sie kein Auge zugekriegt. Wenn ich Sie wäre, würde ich die Medizin nehmen."
Man konnte sehen, dass sie den Präsidenten scharf anblickte. Der hatte mit dem Betupfen seiner Nasenlöcher aufgehört und sah Sieglinde an.
„Sie wollen doch wieder gesund werden. Haben Sie das vergessen?"
Und da, erst langsam, dann heftiger, nickte der Präsident.
Er nahm eine Tablette aus dem Röhrchen, schluckte sie, trank Wasser dazu, und jetzt nickte Sieglinde. Daraufhin marschierte sie samt Tablett aus dem Zimmer.
„Also?" fragte Lisa. „Was ist nun mit den Hamsterfallen?"
Der Präsident legte seine Pfeife beiseite. „Offen gestanden – wir wissen es nicht", sagte er und blickte so aufrichtig, wie es nur eben ging, in die Kamera.

„Ich vermute jedoch, dass sie von Tierschützern aufgestellt wurden. Um eventuell doch vorhandene Hamster zu retten."

„Ach?" Lisa erschien nun zusammen mit dem Präsidenten im Bild. „Soll das heißen, auch Sie halten es für möglich, dass auf dem Baugelände Feldhamster leben?"

„Das kann ich als Laie nicht beurteilen. Ich halte mich an wissenschaftliche Gutachten. Aber –", der Präsident faltete die Hände, „– schließlich können auch Wissenschaftler irren, nicht wahr?" Er lächelte. „Jedenfalls glauben diese Tierschützer offenbar ernstlich an die Existenz der Hamster. Das heißt: Es sind Zweifel aufgetaucht."

„Über die man sich hinwegsetzen könnte."

„Frau Potempe. Sie unterstellen mir doch hoffentlich nicht, ich ließe es zu, dass eine Kolonie Hamster einfach platt gemacht wird?"

Lisa zuckte mit keiner Wimper. „Aber nein. Wie käme ich dazu? Ich würde Ihnen doch nie einen Gesetzesverstoß unterstellen."

„Eben." Der Präsident setzte sich aufrecht. „Deshalb habe ich beschlossen: Es wird ein neues Gutachten angefertigt. Dabei soll auch die Frage geprüft werden, ob und wie eventuell vorhandene Hamster umgesiedelt werden können."

Der Präsident lehnte sich freundlich lächelnd zurück.

„Und bis das geklärt ist, werden die Bauarbeiten selbstverständlich eingestellt."

Während der folgenden zwei Wochen kam ich nicht mehr zur Ruhe. Ich meine, es ist ja ein schönes Gefühl, wenn man gebraucht wird. Aber auch davon kann man zu viel kriegen. Ich war bei der gesamten Aktion „Neue Hamsterheimat" dabei. Ich habe organisiert, arrangiert, gedolmetscht und was nicht alles gemacht.

Dass die Aktion schon drei Tage nach der Sendung begann, war Lisa zu verdanken. Sie machte einen Professor ausfindig, der als Hamsterexperte galt (was man so als Experten bezeichnet), und der Mann gutachtete ohne zu zögern: Erstens gebe es Hamster auf dem Feld. Zweitens könne man sie umsiedeln. Drittens müsse das sofort geschehen, weil die Hamster sonst keinen Wintervorrat mehr anlegen könnten.

Darauf hatte Lisa den Experten mit Jenny bekannt gemacht. Und der war so beeindruckt von Jennys detaillierten Kenntnissen über das Verhalten von Feldhamstern, dass er nicht zögerte, dem Regierungspräsidenten vorzuschlagen, sie als Leiterin der Umsiedlungsaktion einzusetzen. Was der Präsident auch ohne weiteres tat.

Der war überhaupt erleichtert, dass die Sache so zügig ablief (denn der Automobilkonzern, der die Fabrik bauen wollte, hatte mit einer Klage auf Schadenersatz gedroht). Außerdem genoss es der Präsident, sich in der Öffentlichkeit als „Vater der Hamster" feiern zu lassen (woran Lisa keine Schuld trug. Sondern ein bekanntes Massenblatt), und flugs erklärte er die Umsiedlungsaktion zu einem Naturschutzprojekt der Regierung. Was bedeutete, dass der Bauer, auf dessen Weizenfeld die Hamster umzogen, Geld für mögliche Ernteverluste bekam.

Dass die Frage, wer auf dem neuen Feld an welcher Stelle seinen Bau graben dürfe und wie die Reviere aufzuteilen seien, dass diese Frage für meine Basen und Vettern eine höchst willkommene Gelegenheit war, sich ausgiebig in die Wolle zu kriegen, das lässt sich denken. Jenny konnte dabei (ich dolmetschte für sie) ein Menge über Hamster-Psychologie lernen. Und zwar wie sie nicht im Zoologiebuch steht.

Übrigens beteiligten sich, obwohl nicht offiziell damit beauftragt, auch Frank und Mario an der Aktion. Ich würde sogar behaupten, ohne ihre Hilfe hätten wir es nicht geschafft. Dabei störte nur mäßig, dass Mario jedes Mal vor sich hinzuschimpfen begann, wenn Conny erschien. Der himmelte dann Jenny an und sie ihn, und die Gräfin sagte, dass die Verbindung ihren Segen habe. Jenny rieche höchst interessant und sie werde sicher ein gutes Frauchen.

Und Fronso? Tja, da gehen die Meinungen auseinander. Die einen meinen, er sei verschüttet worden. Andere schwören, sie hätten ihn später noch einmal gesehen; sicher sei er entkommen. Ich meine: Wie auch immer – ohne die Gemeinschaft der Hamster vom Felde ist ein Feldhamster so oder so verloren.

Und dann kam der Tag, an dem die Aktion „Neue Hamsterheimat" abgeschlossen war. Alle Feldhamster hatten ihre frisch gegrabenen Baue bezogen, hatten ihre mitgebrachten Vorräte verstaut, und jeder wusste, wo die anderen saßen, damit er ihnen aus dem Weg gehen konnte. Blieb bloß noch eines:

Der Abschied vom alten Feld.

Das große Hamsterfest des Lebewohls.

15. Kapitel

Es war, wie Sir William sich ausdrückte, ein rauschendes Fest. Ich neige eher dazu, es eine echt coole Fete zu nennen. Enrico & Caruso zitiere ich nicht, weil die zwei als mitwirkende Künstler natürlich befangen sind.

Auf Wunsch der Hamster war das Fest eine rein tierische Angelegenheit und fand in der großen Höhle statt, in der einmal der Topf gestanden hatte. Der war zwar immer noch da, aber er lag umgestürzt und leer neben dem Podest. Und war bloß noch nützlich, wenn sich ein Pärchen zurückziehen wollte (ja, selbst das gab es bei diesem Hamsterfest).

Damit Sir William mit von der Partie sein konnte, hatten die Hamster eine Gangröhre erweitert. Trotzdem musste er ziemlich ackern, bis er in der Höhle war. Aber dort sagte er: „Ich sollte mich glücklich schätzen, Freddy. Vermutlich bin ich weltweit der einzige

Kater, der eine ehemalige Hamster-Kathedrale besucht hat."

Als alle versammelt waren, erklommen Suse und Joss das Podest. „Hamster vom Felde!", rief Suse, und es wurde ruhig. „Unser Fest soll richtig lustig werden. Und vor allem friedlich."

„Ja", sagte Joss. „Heute beschimpft mal keiner den anderen. Also, dass er stinkt und mit solchen Lügen."

„Wieso Lügen, Herr Joss? Dass du stinkst, ist die reine Wahrheit."

„Pass mal auf, wie du stinkst, wenn ich dich erst …" Er hielt inne. Dann sahen sich die beiden an. Und mussten furchtbar lachen.

„Gut", sagte Joss darauf. „Damit ihr wisst, was ihr erwarten könnt: Das Fest zerfällt in drei Teile."

„Zerfällt in drei Teile!" Suse grinste. „Das hat der Herr Joss wirklich hübsch gesagt. Also: Erst gibt's eine Oper."

Durch die Reihen der Hamster ging ein lang gezogenes „Aaahhh!". (Woher die Feldhamster wussten, was eine Oper ist? Enrico & Caruso hatten natürlich vorbeugend Aufklärung betrieben. Noch einen Reinfall wollten sie nicht erleben.)

„Darauf", sagte Joss, „kommt als zweiter Teil eine Überraschung."

„Der dritte Teil", sagte Suse, „heißt: Feiern bis in den Morgen."

„Jetzt also erst mal die Oper."
„Ihr Titel ist –", Suse machte eine effektvolle Pause, „– Doña Elvira oder Die Macht des Schicksals."
Sie und Joss verbeugten sich und räumten das Podest.
Dort nahm nun Elvira Platz. Sie saß da, massig und riesig, wedelte mit einem Papierfächer (den übrigens Lisa gefaltet hatte) und blickte mit rollenden Augen herausfordernd um sich. Eindeutig war sie eine spanische Señora, die darauf wartete, dass in ihrem ereignislosen Leben etwas passierte.
Und das tat es dann auch. Don Enrico erschien. Er baute sich vor Doña Elvira auf und sang (schließlich war es eine Oper):

„Doña Elvira, ich hab Euch tanzen gesehn,
und Euer Tanzen hat mich toll gemacht."

Da stand er, der kleine Don Enrico. Rotweißes Fell, darunter ziemlich spillerig – nicht gerade der Traum einer spanischen Señora, die darauf wartete, dass in ihrem ereignislosen Leben etwas passierte. Und richtig hatte Doña Elvira Einwände. Gemeinerweise sagte, nein, sang sie nicht ehrlich, was ihr an Don Enrico nicht passte. Sondern sie schob ein zoologisches Argument vor. Sie sei eine Hamsterin und er ein Meerschwein, gab sie sängerisch zu verstehen. Und wieder-

holte mehrfach: „Nein, nein, nein! Es kann nicht sein, Ihr seid ein Schwein."
Oh, wie traf dies den kleinen, spilligen Don Enrico! Verzweifelt sang er:

„Ach, Elvira, hört mein Flehen!
Lasst uns ab jetzt zusammen gehen."

Doch Doña Elvira war mitleidslos. Und nun kam das – ich muss es so nennen – große Duett, das Doña Elvira und Don Enrico wechselweise sangen:

„Nein, nein, nein!"
„Ach, Elvira, hört meine Flehen!"
„Es kann nicht sein!"
„Lasst uns ab jetzt zusammen gehen!"
„Ihr seid ein Schwein!"

Drauf brandete spontan Beifall auf. Die Hamster patschten die Pfoten gegeneinander, auch Sir William, desgleichen ich (und dazu stehe ich. Obwohl der Text denn doch etwas schlicht war).
Traurig wendete sich Don Enrico ab. Gegen das zoologische Argument war kein Kraut gewachsen. Es war eben sein Schicksal, ein Meerschwein zu sein.
Doña Elvira blickte nun wieder, mit dem Fächer wedelnd und die Augen rollend, um sich. Und schon

nahte Don Caruso. Auch er behauptete singend, Doña Elvira tanzen gesehen zu haben und nun verrückt nach ihr zu sein.

Da stand er, der stattliche, wohlbeleibte Don Caruso, und Doña Elviras Augen ruhten wohlgefällig auf ihm. Gleichwohl zierte sie sich: „O ja, o nein! Meint Ihr's auch ehrlich? Ist's nicht gefährlich?"

Doch Don Caruso konnte sie beruhigen:

„Gemeinsam kann uns nichts geschehen.
Lasst uns ab jetzt zusammen gehen."

Worauf sich Doña Elvira und Don Caruso im Duett vereinten:

„O ja, o ja!"
„Gemeinsam kann uns nichts geschehen!"
„Ihr meint es ehrlich!"
„Lasst uns ab jetzt zusammen gehen!"
„'s ist nicht gefährlich!"

Wieder gab es Beifall, auch von mir (wenngleich für meinen Geschmack Caruso ein wenig zu sehr geknödelt hatte).

Aber nun Don Enrico! Das zoologische Argument war nur vorgeschoben! Wutentbrannt forderte er Don Caruso zum Duell heraus. Das wurde mit schwe-

ren Säbeln ausgetragen, und der Ausgang war leider abzusehen: Der kleine Don Enrico, so tapfer er auch focht, hatte keine Chance. Bald lag er sterbend am Boden, und Don Caruso wendete sich triumphierend seiner Angebeteten zu.
Doch da nahm Don Enrico seine letzten Kräfte zusammen und erhob sich. So tief hatte man ihn gekränkt, dass ihm Ehre nichts mehr galt: Von hinten erstach er Don Caruso. Und verschied.
Da lagen sie beide.
Macht man sich einen Begriff vom Schmerz Doña Elviras? Sie gab ihm in der inzwischen berühmt gewordenen Schicksalsarie Ausdruck:

„Oh grausames Schicksal!
Jetzt hab ich keinen!
Nicht den Großen
und nicht den Kleinen!
Den Dolch mir zu stoßen
ins Herz hinein,
das soll mein Schicksal sein!"

Worauf sie sich – nicht ohne ihr Vorhaben mehrfach angekündigt zu haben – tatsächlich erdolchte.
Dass der Beifall der Hamster nur so toste, lässt sich denken. Auch Sir William und ich waren hingerissen (kein Einwand diesmal).

Und jetzt kam das finale Terzett. Das sangen die drei im Liegen; sie hoben lediglich die Köpfe.

> „Vereint sind wir nun alle drei,
> zwar leider tot, doch einerlei
> und unnütz ist das alte Lied
> vom dauerhaften Unterschied.
> Ob Hamster, Schwein,
> ob groß, ob klein,
> ob arm, ob reich –
> das Schicksal macht uns alle gleich."

Das wiederholten die drei noch mehrfach, bis sie schließlich die Köpfe wieder sinken ließen und endgültig verschieden.
Die Hamster tobten. Und als Elvira und Enrico & Caruso sich erhoben und verbeugten, kannte der Jubel keine Grenzen. Sir William jubelte mit, wenn auch vornehm und zurückhaltend. Und ich? Natürlich jubelte ich auch, man will ja kein Spielverderber sein. Aber unter uns und hinter vorgehaltener Pfote: Der Text des Terzetts gefiel mir überhaupt nicht. Ich habe nämlich was gegen den Glauben, dass durch das Schicksal schon alles zurechtkomme. Was ein aufrechter Hamster ist, der überlässt sein Schicksal nicht dem Schicksal, sondern nimmt es in die eigenen Pfoten.
Es dauerte ziemlich lange, bis in die Höhle wieder Ru-

he eingekehrt war. Dann erkletterten Suse und Joss das Podest.

„Und jetzt", sagte Suse, „kommt die Überraschung."

„Wir haben uns überlegt", sagte Joss, „dass wir uns bei unseren Rettern mit einem Geschenk bedanken. Bei den Tieren und bei den Menschen."

„Aber das sind ja ziemlich viele. Also haben wir uns einen ausgeguckt, der stellvertretend für alle ein Geschenk kriegt."

„Und das ist – Freddy!"

Das war nun, zumindest für mich, wirklich eine Überraschung. Ich wurde auf das Podest gebeten, und Suse sagte: „Wir haben uns dann gefragt: Was sollen wir Freddy überreichen? Einen Orden?"

„Aber dann haben wir uns gefragt, was denn uns am meisten freuen würde."

Jetzt trugen zwei Hamster etwas herbei, das mit Heu zugedeckt war. Aber – darunter bewegte sich ja etwas! Und der Duft, der sich ausbreitete ... Mit einem Ruck zogen die beiden Hamster das Heu beiseite.

Durch die Versammlung ging ein lautes: „Ooooh!"

Vor mir ringelte sich ein riesiger, fetter, köstlicher Engerling.

Erwartungsvoll blickten die Hamster zu mir herauf. Ich wollte mich bedanken, aber ich gestehe, dass mir buchstäblich die Worte fehlten. „Ahem", räusperte ich mich. „Also, ehrlich, ich weiß echt nicht, was ich jetzt sagen soll. Ich meine, wie ich mich bedanken soll, und was ..."

„Dann lass es eben bleiben", dröhnte da Elvira. „Mach einfach das, was man mit einem Engerling macht!"

„Ja!", schrien die Hamster. „Friss ihn!"

Was ich auch, oben auf dem Podest, vor aller Augen tat.

Dann folgte der dritte Teil des Festes. Wenn man heute vom legendären „Großen Hamsterfest des Lebewohls" spricht, dann ist besonders dieser Teil gemeint. Es wurde getanzt, gesungen, sich gezänkt und wieder versöhnt, dass die Höhle bebte. Und vor allem: Es wurde gefuttert. Es stellte sich heraus, dass die Hamster einen Teil ihrer Vorräte in den alten Bauen zurückgelassen hatten, und zwar, wie sich im Laufe der Nacht zeigte, in ziemlichen Mengen und vom Besten. Und das wurde jetzt alles verputzt.

Ich kann nur sagen: Wenn Hamster ihre Vorräte verprassen, dann heißt das wirklich feiern.

16. Kapitel

Es war am folgenden Tag. Ich joggte gerade auf meinem Hamster-Karussell, einer runden Holzscheibe, die leicht schräg auf eine Achse montiert ist, sodass sie sich dreht, wenn ich darauf laufe. Es joggt sich wundervoll auf dem Karussell und nach wie vor ist es mein Liebling unter den Sportgeräten.
Ich joggte also gerade in meinem Käfig oben auf Master Johns Bücherbord, als ich von unten rufen hörte: „Freddy!"
Enrico & Caruso. Was wollten die beiden von mir? Vermutlich hatten sie wieder eine Meerschweinerei ausgeheckt. Aber dieses Mal, Jungs, ganz gewiss nicht mit mir. Darauf schwöre ich euch tausend grimmige Hamster-Eide! Doch konnte ich schlecht so tun, als hätte ich sie nicht gehört. Schließlich war man ein kultiviertes, höfliches Haustier. Widerstrebend stieg ich vom Karussell und blickte nach unten. Alle meine

Sinne waren scharf gemacht. „Was wollt ihr?", fragte ich knapp.
„Wir wollen dir was sagen. Aber nicht von unten. Das ist so demütigend. Kannst du mal zu uns herunterkommen? Wir wissen, es ist eine Zumutung. Aber es ist wichtig."
Na schön. Ein kultiviertes, höfliches Haustier zu sein brachte eben Verpflichtungen mit sich. Verdrossen kletterte ich an der Hamster-Strickleiter nach unten. Wehe, es war nicht wichtig, was die zwei mir zu sagen hatten.
„Also?" In meiner Alarmzentrale war höchste Bereitschaftsstufe angesagt.
„Freddy", sagte Enrico, „du hast vielleicht gemerkt, wie ernst wir die Opernaufführung bei den Feldhamstern genommen haben."
Ich nickte. Das war nicht zu leugnen.
„Es war unsere erste seriöse Arbeit", sagte Caruso. „Und uns ist klar geworden, dass wir ab jetzt auf unser künstlerisches Ansehen achten müssen."
Wieder nickte ich. Dagegen war nun wirklich nichts einzuwenden.
„Und deshalb", verkündete Enrico, „haben wir unser Verhältnis zu dir überdacht."
„Aha?", machte ich.
„Ja", bekräftigte Caruso. „Es geht um die geschmacklosen Scherze, die wir uns mit dir erlaubt haben."

„Ach?" In mir tuteten sämtliche Alarmhörner. Und eine rote Leuchtschrift blinkte: „Achtung, Freddy!"
„Wir haben mal nachgezählt", bekannte Enrico. „Während der Sache mit den Feldhamstern haben wir dich sechsmal gepiesackt."
„So oft?", entfuhr es mir.
Ich war tatsächlich überrascht. Ich hätte auf viel weniger getippt. Man gehört eben doch zur Sorte der großherzigen Nager.
„Als Erstes habe ich den Hilfeschrei nachgemacht", erinnerte Caruso. „Ein echt fieser Scherz."
„Muss man wohl so nennen", bestätigte ich. Wo die beiden Recht hatten, hatten sie Recht.
„Dann: Ricke Racke, Hamsterkacke", zählte Enrico auf. „Ich würde sagen: Kindergarten-Niveau."
Keine Einwände.
„Weiter: Das Leben ist ein Wandertag." Caruso zögerte. „An sich nicht schlecht. Bis auf die Zeile ‚Wer hamstert, ist nicht cool und smart'. Das war ein Angriff auf dein Hamstertum."
Auch richtig. Aber ich begann, mich denn doch zu fragen, warum die beiden das alles herbeteten.
„Es folgten zwei Reimereien", zählte Enrico auf. „Erst: Es bläht sich der Experte. Dann: Zwei Dichterpfoten kannten nur. Höchst abgeschmackt. Besonders, wenn man deine Situation beim zweiten Scherzgedicht bedenkt."

Völlig korrekt. Nur: Worauf, zum Bussard, wollten die beiden hinaus?

„Und als Letztes", beendete Caruso die Aufzählung, „der Sketch vom ‚Dritten Mann'. Geschmacklos bis bösartig."

„Absolut einverstanden", sagte ich. Aber allmählich wurde ich ungeduldig. Was planten die beiden? Wenn das Ganze tatsächlich auf eine Schweinerei hinauslief, dann gnade ihnen der Meerschweingott! Dann würde ich – Sir William schlief zum Glück gerade – Höflichkeit und Kultiviertheit mal kurz vergessen und wild und urtümlich zubeißen. „Hört zu, Jungs", sagte ich beherrscht. „Warum erzählt ihr mir das alles?"

„Haben wir das nicht gesagt?", fragte Enrico erstaunt. „Wir wollen damit einen Schlussstrich ziehen unter unsere unseriöse Vergangenheit."

„Und das heißt", ergänzte Caruso, „dass wir dich in Zukunft nicht mehr piesacken werden."

„Das glaube ich erst, wenn ihr's wirklich nicht mehr tut", sagte ich gereizt. „Erzählen könnt ihr mir viel."

„Wir haben auch nicht angenommen, dass du uns glaubst", sagte Enrico. „Wir wollten es dir bloß schon mal sagen."

„Und das war alles?", fragte ich böse.

„Ja", sagte Caruso still.

„Und dafür lasst ihr mich nach unten klettern?!",

fragte ich, zunehmend aufgebracht. „Bloß um mir was zu sagen, das ich glauben kann oder nicht?" Ich wendete mich ab. „Ich lass mich von euch doch nicht für dumm verkaufen." Wütend begann ich, die Hamsterleiter zu erklettern. Meerschweine! Da stellte ich mich auf eine ihrer Schweinereien ein, und dann wollten sie mir bloß die windige Behauptung unterjubeln, dass sie für die Zukunft keine mehr vorhätten. Unglaublich! Und dafür hatte ich nun mein Lauftraining unterbrochen!
Als ich oben in meinem Käfig ankam, hatte ich mich so aufgeladen, dass ich vor Wut fauchte. Diese verdammten Meersäue schafften es doch immer wieder … Ich hielt inne.
Und da kam auch schon von unten, auf das Höhnischste im Chor geschrien:

> „Und noch am meisten tut uns gut
> ein Hamster – blind vor Wut."

Worauf das unvermeidliche, kreischende Gelächter folgte.
Ich musste, um nicht dort unten ein grässliches Blutbad anzurichten, mich regelrecht an einem Gitterstab meines Käfigs festbeißen. In mir brannte und brodelte die rote Wut, und ich war kurz vor dem Zerplatzen. Hätte ich den Gitterstab losgelassen, ich wäre ver-

mutlich wie eine Rakete hochgeschossen, ab in Richtung Galaxis Nummer 999, wo es galt, eine dunkle Macht eigenpfötig zu erwürgen.
Die dunkle Macht ... Moment mal.
Ich ließ den Gitterstab los und hockte mich nieder.
Aber sicher doch!
Die dunkle Macht – sie gab es wirklich.
Aber sie saß nicht irgendwo im Weltall.
Diese dunkle Macht saß hier in meinem Käfig. Wer den beiden Scherzschweinen immer wieder verriet, wie sie mich am wirkungsvollsten piesacken konnten, das war ich selber.

Am Nachmittag wollte mich Sofie besuchen.
Schon Stunden vorher hatte ich alles vorbereitet und mehrfach geübt. Und ich hatte es mit Master John durchgesprochen. Jetzt sauste ich ruhelos mal hierhin, mal dorthin.
„Freddy, Bester", sagte Sir William. „Dadurch, dass du uns alle verrückt machst, erscheint sie auch nicht eher."
Endlich aber war es so weit: Sofie kam in das Arbeitszimmer gestürmt, mit ihr der erregende Duft nach Sonnenblumenkernen.
„Hallo, Freddy!", rief sie.
Sie hatte mich sofort entdeckt. Obwohl ich nicht in meinem Käfig saß, sondern auf dem Arbeitstisch.

Und zwar neben der Tastatur des Macintoshs – der natürlich ausgeschaltet war.

Wie gewöhnlich, wenn Sofie „Hallo, Freddy!" rief, richtete ich mich zum Männchen auf. Das mache ich immer; es gehört einfach dazu. Und daraufhin, so will es unser Ritual, hebe ich meine Pfote, so hoch ich kann. Und dann winke ich.

Doch dieses Mal – winkte ich nicht.

Ich saß aufrecht in Männchenhaltung, aber meine Pfote blieb unten.

Sofie, die schon den Mund zu ihrem „Er winkt!" geöffnet hatte, hielt inne. Verunsichert schüttelte sie den Kopf.

„Freddy?", sagte sie fragend. Sie kam näher. „Hey, was ist los? Warum begrüßt du mich nicht?"

Und da drückte ich – ich saß direkt daneben – die Einschalttaste des Macintoshs.

Er startete mit einem lauten Gong und der Monitor wurde hell. Es dauerte eine Zeit (während der ich es vermied, zu Sofie hinzusehen), bis das Schreibprogramm geöffnet war.

Aber nun legte ich los. So rasch ich konnte – Sofie sollte nicht ins Grübeln geraten, sondern mir einfach nur zusehen –, gab ich ein und ließ auf dem Bildschirm erscheinen:

„Wohl steht dem Hamster zu Gebote
das Winke Winke mit der Pfote.
Doch warum nicht mal anders grüßen
und so das Wiedersehn versüßen?

Zwar kann ein Hamster nicht mit Tönen
wie andre seinen Gruß verschönen.
Er kann nicht wie ein Hund laut bellen,
nicht wie ein Beo pfeifend gellen,
erst recht nicht wie ein Meerschwein pfeifen
(das würde er sich auch verkneifen),
nicht wie ein Kater milde schnurren
und auch nicht wie ein Täuber gurren,
schon gar nicht wie ein Sittich zwitschern,
oder wie ein Goldfisch plitschern.

Das kann er nicht. Doch kann er leise
begrüßen dich auf diese Weise.
Und das, so denk ich, ist paletti.
Es winkt dir zu dein Hamster –"

„Freddy!", rief Sofie.
Nun richtete ich mich auf, reckte die Pfote hoch und dann winkte ich.
„Du winkst!", rief sie. „Du begrüßt mich ja doch!" Sie verstummte. Und strahlte mich nur noch an.
Verwirrt ließ ich die Pfote sinken. War ihr denn nicht

klar geworden, was sich da vor ihren Augen abgespielt hatte? Sie war von einem Goldhamster mit einem Gedicht begrüßt worden! Das dieser mit seinen Pfoten in eine Computer-Tastatur eingegeben hatte! Ich meine, ein solch Epoche machender Vorgang musste ihr doch ...

„Du kannst winken", sagte da Sofie. „Und du kannst einen Salto machen." Ernst sah sie mich an. „Und jetzt kannst auch noch lesen und schreiben." Sie nickte zufrieden. „Ich habe es doch gleich gewusst. Du bist der beste und schlaueste Goldhamster der Welt."

Als ich Master John gefragt hatte, was er davon hielte, Sofie nun doch in mein Geheimnis einzuweihen, da hatte er mich zuerst nur nachdenklich angesehen. Endlich sagte er:
„Daran liegt dir viel, nicht wahr?"
Ich nickte.
„Well, Kid", sagte er. „An sich gilt noch immer: Je weniger Leute davon wissen, desto besser."
„Meister", gab ich ein. „Es sind schon so viele eingeweiht. Die Kornwölfe etwa. Und natürlich hat auch Conny mitgekriegt, was ich kann. Ich sehe nicht ein, warum Sofie jetzt noch ausgeschlossen bleiben soll."
„Hm", machte Master John. Darauf schwieg er und

zupfte an einer Augenbraue. Nach einer Zeit sagte er plötzlich: „All right, so be it! Aber dann mussen wir die Sache umdrehen ..."

„Meister?"

„Bisher war unser bester Schutz: möglichst wenige Mitwisser. In Zukunft wird unser Schutz sein: möglichst viele Mitwisser. Am besten alle. Ein Bösewicht, der dir etwas antun will, kriegt es dann mit der gesamten Öffentlichkeit zu tun."

„Die gesamte Öffentlichkeit soll von mir erfahren?", gab ich ein. „Heißt dies etwa, dass ein Hamster namens Freddy nun ein berühmter Dichter werden kann?"

Master John lachte. „Nothing against it." Darauf wurde er wieder ernst. „Dann ist ja alles geklärt", sagte er.

„Bis auf eines."

„Und das wäre?"

„Als du mir von den Hilferufen der Feldhamster berichtet hast, da habe ich dir eine Frage gestellt."

Richtig. Er hatte mich gefragt, warum ich nicht von Hilfeschreien auf Interanimal überschwemmt würde. Von den Hilfeschreien Tausender von Tieren in Drangsal und Not. Warum höre ich sie nicht? Warum hören wir Tiere sie nicht?

„Meister", gab ich ein, „ich habe noch immer keine Antwort."

„Könnte es sein", sagte er, „dass ihr Tiere taub gewor-

den seid? Einfach, weil ihr euch selber vor der Flut der Schreie schutzen musst?"
„Kann schon sein. Aber warum haben wir die Feldhamster gehört?"
„Vielleicht öffnen sich eure Ohren wieder. Weil es sonst zu spät ist. Zu spät, damit ihr Tiere euch retten könnt."
Master John sah mich an. „Aber auch, wenn sich eure Ohren wieder öffnen – es wird euch nichts nutzen."
Richtig, Meister.
Es sind die Menschen.
Die Menschen müssen lernen zu hören.

Dietlof Reiche
Freddy – Ein wildes Hamsterleben

Gebunden, 160 Seiten
ISBN 3-89106-378-4

Freddy ist einerseits ein ganz normaler Goldhamster: reinlich, eigensinnig und meist hungrig. Andererseits fällt schon in der Zoohandlung auf, dass Freddy etwas Besonderes ist. Er hält sich aus den Raufereien der Junghamster heraus und macht sich lieber Gedanken. Seine große Chance kommt, als er bei Master John mit den vielen Büchern landet. Dort muss er zwar zwei freche Meerschweine und den strengen Kater William ertragen, aber er lernt auch etwas, was keiner für möglich gehalten hätte ...

„Geistreich und frech und so spannend zu lesen wie beste Hamsterlektüre." *Frankfurter Rundschau*

„Ein wunderbares Stück Kinderliteratur." *Badische Zeitung*

anrich

Dietlof Reiche
Freddy – Ein Hamster lebt gefährlich

Gebunden, 168 Seiten
ISBN 3-89106-388-1

Das konnte ja nicht gut gehen. Freddy hat die Warnung von Master John nicht beachtet, niemand dürfe von seinen literarischen Fähigkeiten erfahren. Aber jetzt ist es passiert: Der seltsame Dr. Dittrich weiß von Freddys Begabung und will unbedingt herausfinden, wie so ein intelligentes Hamsterhirn funktioniert. Darum versucht er den schreibenden Nager zu entführen. Freddy bleibt nur eines übrig: Er muss abhauen. Eine wilde Jagd beginnt ...

»Wahnsinnig witzig.« *Hits für Kids*

»Welch ein Gewinn für uns lesende Menschen!« *Die Zeit*

anrich